T O D O

Dulce

LOS LIBROS DE UTILÍSIMA

TODO Dulce

MARU BOTANA

EDITORIAL ATLANTIDA
BUENOS AIRES • MEXICO

Dirección editorial:
Marisa Tonezzer

Coordinación general y corrección:
Marisa Corgatelli

Producción fotográfica:
Graciela Boldarín

Fotografías:
Alfredo Willimburgh

Ilustraciones:
Marisa Corgatelli

Supervisión de arte:
Claudia Bertucelli

Diseño de interior:
Natalia Marano

Diseño de tapa:
Patricia Lamberti

Producción industrial:
Fernando Diz

Composición:
Gabriel Castro

Preimpresión:
Erco S.R.L.

Se agradece a:

ARIETE
ADA B.
BAZAR LA LUNA
BÁSICOS
CHARME
DRUGSTORE BAZAR
KEN
LA FERME
L'INTERDIT

*Dedico este libro a mi mamá, que es una persona excepcional,
difícil de describir, y que aparte de madre es mi mejor amiga.
Mamá: Gracias por todo lo que haces por mí todos los días;
gracias por haber formado junto a papá esta linda familia.*

Copyright © Editorial Atlántida y Héctor Ernesto Sandler, 1997.
Derechos reservados. Quinta edición publicada por
EDITORIAL ATLANTIDA S.A., Azopardo 579, Buenos Aires, Argentina.
Hecho el depósito que marca la Ley 11.723.
Libro de edición argentina.
Impreso en España. Printed in Spain.
Esta edición se terminó de imprimir en el mes de octubre de 2000
en los talleres gráficos Rivadeneyra S.A., Madrid, España.

I.S.B.N. 950-08-1868-X

AGRADECIMIENTOS

Agradezco en primer lugar a mi marido, que me apoyó en todo momento.

Agradezco a mis padres por todo el empuje que me dieron a lo largo de mi carrera.

Agradezco a mis hermanos, cuñados, sobrinos, por estar siempre a mi lado.

Agradezco a Tina por todo lo que me ayudó.

Agradezco a Alicia Rovegno, mi productora, por sus consejos.

Agradezco a mis abuelos por estar tan cerca de mí.

Agradezco al equipo de Magic Cakes por ayudarme y seguirme siempre.

Agradezco a Francis Mallman por todo lo que me enseñó.

Agradezco a Ernesto Sandler y Editorial Atlántida por esta oportunidad.

Agradezco a mi amiga Carla por darme seguridad.

Agradezco a Marisa Corgatelli por su entendimiento y colaboración.

INTRODUCCIÓN

Desde chiquita me atrajo todo lo relacionado con la cocina.

Aprendí a leer con el libro de doña Petrona, a quien admiraba y seguía por televisión junto a mi abuela. En los años de escuela, las amigas que venían a visitarme terminaban en el banquito de la cocina mirándome preparar masitas, tortas o medialunas, que luego disfrutábamos juntas. Años después agasajaba a mis amigos con tés importantes.

Un día se me ocurrió vender tortas en el barrio; aunque mamá temblaba ante mi osadía, me ayudó desde el primer momento. Mis tortas gustaron mucho y pronto comenzaron a llegar pedidos más complejos. Mientras tanto, continué perfeccionándome, leía muchísimo, asistía a exposiciones de gastronomía. En una de ellas conocí a Francis Mallman, con quien trabajé y tuve acceso a lo que había soñado siempre: viajé, cociné y aprendí mucho. Fue Francis también quien me alentó a emprender mi propio camino. Cuando llegó el momento de tomar esta decisión, primó mi inclinación hacia lo dulce: la pastelería es sumamente creativa, pues permite, en base a varias recetas, practicar y descubrir un estilo propio.

Así nació, con ayuda de mis padres, mi rincón, mi Magic Cakes.

Nunca tuve miedo de que pudiera irme mal; mi lema fue siempre: "Si trabajo mucho todos los días, con calidad, con precios justos, en algún momento voy a recoger los frutos". Y los obtengo diariamente cuando disfruto cocinando, creando, en este mundo maravilloso de la pastelería.

Las muchas horas que dedico a Magic me han colmado de gratificaciones; una de ellas fue la televisión. Empecé con Tini de Boucourt, luego seguí con Cecilia Zuberbühler y desde hace un tiempo, gracias al señor Ernesto Sandler, tengo mi propio programa, *Todo Dulce*, que me permite estar en contacto con ustedes.

Y ahora estoy feliz con la aparición de éste, mi primer libro, que me permite expresarles de otra manera el amor que siento por lo que hago.

No olviden nunca que el amor que pongo en los dulces es el mismo que dirijo hacia ustedes en todo momento.

Reglas de oro

Seguir estas reglas los ayudará a hacer unos postres extraordinarios.

- Lavarse muy bien las manos y uñas antes de cocinar.
- No utilizar alhajas, relojes o pulseras, porque pueden introducírseles partículas de harina o azúcar.
- Si no se tiene mucha experiencia en la cocina, comenzar haciendo platos simples.
- Leer la totalidad de la receta antes de comenzar a prepararla.
- Tener a mano todo el equipo necesario para preparar la receta.
- Utilizar ingredientes frescos y de primera calidad.
- Pesar con cuidado todos los ingredientes y mantenerlos en recipientes separados.
- Guardar todos los ingredientes en el sitio apropiado. En lugares frescos o heladera y cubiertos con papel film cuando no están en envases cerrados.
- En los postres que lo permitan, realizar algunos pasos con anticipación.
- Precalentar el horno y mantenerlo a la temperatura adecuada.
- Enmantecar y enharinar los moldes con prolijidad.
- Es muy importante servir los postres a la temperatura indicada, ya sea un *soufflé*, una torta o una crema.

Utensilios básicos

Éste es un listado básico, como para empezar. Con el tiempo y con el entusiasmo por cocinar cosas ricas se irá ampliando.

- un molde de torta
- un palo de amasar
- un batidor de alambre
- una cuchara de madera
- un rodillo
- papel manteca y de aluminio
- cortapastas
- un molde desmontable de tartas
- una mesada de mármol
- una tabla para dulce
- un cuchillo de oficio

- un aparatito para hacer bolitas de melón
- unos pinceles
- moldes de tarteletas
- una placa para masitas
- una rejilla
- una espátula de goma

Consejos generales

Ténganlos en cuenta para mejorar todos sus platos.

ALMENDRAS
- Para pelarlas colocarlas en una cacerola, cubiertas con agua fría, poner al fuego y retirar cuando comience a hervir el agua. Con la ayuda de un repasador frotarlas para desprender las cáscaras.
- Si se desea filetearlas conviene cortarlas inmediatamente con un cuchillo de oficio.
- Para otros usos y para acentuar su sabor, deben secarse en horno de temperatura baja durante 20 minutos, sobre placas limpias, sin encimarlas y moviéndolas constantemente.

AZÚCAR VAINILLADO
- Para preparar azúcar de vainilla, basta con guardar en un frasco con cierre hermético 1/2 kilo de azúcar con una chaucha de vainilla. Al cabo de un mes el azúcar ya habrá tomado el aroma. Dará un sabor más delicado que si se utiliza vainilla en esencia o polvo.

CREMAS
- Nunca colocar una crema o tarta caliente en la heladera, porque se puede estropear.
- Para utilizarlas en manga de repostería, doblar ésta por la mitad hacia afuera, colocar el relleno y retorcerla, para que la preparación no salga por arriba.
- Dejar enfriar muy bien las cremas de frutas o *pâtisserie* que se usarán como relleno de tartas, pues si están calientes, las frutas que van sobre ellas se arruinarán y al cubrirlas con gelatina despedirán agua.
- Para hacer una buena crema chantillí, conviene batirla en un bol metálico frío sobre un baño de María invertido (véase Glosario) e ir agregando el azúcar de a poco.
- Es conveniente incorporar gelatina a la crema chantillí que se utiliza para decorar. La proporción es: 1 sobre (7 g) cada 500 cc de crema.

FRUTILLAS

- Siempre lavarlas enteras y antes de sacarles los cabitos, para que no pierdan el gusto.
- En las tartas conviene utilizarlas enteras, pues se conservan mejor que cortadas.

GELATINA

- Conviene hidratarla primero con una cucharada de agua fría y luego calentarla a baño de María hasta que se disuelvan todos los granulitos.

HELADOS

- Sacar del freezer sólo la cantidad que se va a utilizar. Si se descongela y se vuelve al freezer, ya no tomará la misma consistencia.
- Para preparar diferentes gustos de helado, a la crema americana, sin dejarla derretir, se le puede agregar chocolate en trocitos, frutas, algún licor o jarabe.
- Para que el helado de vainilla quede cremoso y no cristalizado, tiene que ser hecho con gran contenido de crema y batir bien el azúcar y las yemas.
- Para preparar helados conviene partir de una crema inglesa, para que se cocinen los huevos y evitar así los riesgos de contraer *salmonella*.
- Para que el helado de vainilla tenga más sabor, conviene prepararlo utilizando chaucha de vainilla en lugar de esencia.

HARINAS

- Hay gran variedad y es importante utilizar cada una de acuerdo con sus características y lo que se desee elaborar.
- Las harinas con alto contenido de gluten son apropiadas para pan y pizza, pero no para hojaldre o pasteles delicados y crocantes.
- La harina 0000 puede utilizarse para todo, pero al ser tan refinada deja muy suave la masa de pan y demasiado sensible la de algunas tartas.
- Para conservar la harina en buen estado, conviene guardarla en un lugar seco y fresco, y en envases muy bien cerrados.
- Antes de utilizarlas, pasarlas siempre por tamiz.

HUEVOS

- Cada uno (tamaño normal) pesa 60 g aproximadamente: 30 g de clara y 30 g de yema.
- Se pueden conservar en la heladera varias semanas.
- Deben ser cascados en un bol aparte, por si alguno no se encuentra en buen estado.

- Cocinarlos siempre que sea posible. Cuando se prepara *mousse*, hacer un almíbar con el azúcar e incorporarlo a las yemas.
- No dejar sal o azúcar en contacto con las yemas, porque se cortarán, o se formarán granulitos imposibles de disolver como resultado de haber sido quemadas por cualquiera de las dos.

CLARAS •

- Cada una pesa aproximadamente 30 g en un huevo de tamaño normal.
- Para batir las claras, los utensilios que se empleen deben estar bien limpios y secos.
- Para que resulte un batido perfecto, no deben estar muy frías y tampoco tener ninguna partícula de yema.
- Se baten más rápido y quedan bien firmes si se les agrega una pizca de sal durante el batido.
- Pueden medirse en la parte de "líquidos" de la jarrita de medidas.

LEVADURA (FRESCA O DE PANADERO)

- La temperatura del líquido en que se la disuelva debe ser siempre tibia (igual que cuando se prepara una mamadera). Si fuera más caliente la quemaría.
- No "apurar" las masas con levadura dejándolas en lugares de calor excesivo; hay que darles su tiempo natural de levado.

MASAS DE TARTAS

- Para que no se caigan los bordes de las tartas al cocinarlas, sostenerlos con tiras de papel de aluminio. Se deben poner bien pegadas al lateral de la masa y retirarlas cuando la tarta esté a mitad de la cocción. Es conveniente colocarlas y dejar descansar 1/2 hora en la heladera antes de cocinarlas.
- Para lograr una buena cocción al blanco (vacía), conviene colocar un papel manteca que cubra por completo el interior de la masa y poner sobre él legumbres secas; así se evitará que se hinche dentro del horno.
- Cuando se preparan masas dulces o saladas en las que se indique el agregado de agua, hay que poner especial cuidado en que ésta esté bien fría y la cantidad no sea excesiva.

MOLDES

- Enmantecarlos y enharinarlos con prolijidad, sin excederse en las cantidades, pues pueden perjudicarse las preparaciones.
- Si necesitamos moldes pequeños, podemos fabricarlos forrando el interior de tazas de café con papel de aluminio, darles buena forma, sacarlos con mucho cuidado, rellenarlos y hornear. El resultado es excelente.

POLVO DE HORNEAR
- No debe entrar en contacto con líquidos.
- Es conveniente tamizarlo con la harina.

TARTELETAS
- Para prepararlas conviene extender la masa en la mesada y, ya estirada, colocarla sobre los moldes de las tarteletas, que estarán uno junto a otro. Dar allí la forma a cada una y cortar la masa con el borde de los moldes.

HELADERA Y FREEZER
- No tenerlos demasiado llenos, porque no enfriarán con la misma eficacia.
- Mantenerlos siempre limpios; evitar que se acumule el hielo.
- Guardar las preparaciones o platos en recipientes adecuados o envueltos con materiales especiales para freezer; asegurar las bolsas con cintas.

HORNO
- Es primordial que funcione bien. Si no es así, llamar a un gasista para que lo ponga a punto.
- Encenderlo antes de cocinar; no recalentarlo sino mantenerlo a una temperatura baja.
- Cerrar la puerta muy despacio, nunca con un golpe.
- Mantener la precaución de que no alcance temperatura muy alta, sobre todo cuando cocinamos durante todo el día. En esos casos, apagarlo de a ratos.

SECRETOS DEL HORNEADO
- Los panes siempre se cocinan en horno un poco alto, para que no se sequen.
- Los bizcochuelos se cuecen en horno moderado hasta que se desprendan de las paredes del molde.
- Los budines, en horno moderado, pero no muy bajo, porque se pueden apelmazar.
- Los *brownies,* en horno un poco alto, para que no se sequen y salgan bien húmedos.
- Las *cookies,* en horno moderado hasta que ya no huelan a harina cruda.
- Los flanes, bien tapados con papel de aluminio y a baño de María, a temperatura moderada.

El almíbar

El almíbar tiene una gran variedad de usos, en salsas, helados de frutas, sorbetes, merengues, etc.
Para lograr un buen almíbar, el azúcar refinado debe ser mezclado con agua en la cantidad necesaria. Esta mezcla se hace en una sartén o una cacerola, preferentemente de cobre, y se lleva a punto de ebullición; se puede ir revolviendo de tanto en tanto. Una vez que la preparación hirvió, no se debe remover, pues de lo contrario se cristalizaría.
Para evitar la formación de cristales, deben mojarse los bordes de la cacerola con un pincel embebido en agua.

LOS PUNTOS DEL ALMÍBAR
- Almíbar liviano: Hervir 10 minutos a fuego fuerte.
- Hilo flojo: Al mojar la punta de los dedos en el almíbar y separarlos, se forma un hilito que se corta.
- Hilo fuerte: Al hacer lo mismo, se forma un hilito que no se corta.
- Fondant: El hilito que se forma es más grueso.
- Bolita blanda: Al colocar en una tacita con agua un poquito de almíbar, se forma una bolita que al tocarla resulta blanda.
- Bolita dura: Al hacer lo mismo, la bolita resulta dura.
- Caramelo: Cuando el almíbar empieza a tomar color.

Puntos de batido

- Punto cinta: Se obtiene cuando, al levantar el batidor, la mezcla cae en forma continua, como si fuera una cinta.
- Punto letra: Se logra cuando, al levantar la mezcla con el batidor y escribir con ella, las letras no pierden su forma.

El Chocolate

*Desde tiempos prehistóricos el árbol de cacao ha crecido
en forma salvaje en América Central.*

*Los mayas fueron los primeros en cultivarlo; más tarde
los aztecas usaron las semillas de cacao no sólo para
hacer chocolate sino también como base para bebidas.
Cristóbal Colón fue el primero en llevar la semilla a
España, y a partir de entonces su consumo se extendió
al resto de Europa.*

*En la actualidad el chocolate es el rey de los dulces en
todo el mundo.*

$\mathcal{S}$ecretos del chocolate en la repostería

Se recomienda utilizar chocolate de buena calidad.

Cuanto más oscuro y amargo, más puro es. El agregado de leche y/o azúcar le aporta dulzura, pero disminuye su pureza.

Para no variar el resultado de las recetas, es importante emplear siempre el tipo de chocolate (semiamargo, con leche, blanco) que se indique en ellas.

Para utilizarlo en cobertura, bombones, rulos de chocolate, huevos de Pascua, etc., debe estar templado, es decir, a una temperatura inferior a los 37° C. Si al llevarnos al labio superior una cuchara con un poco de chocolate lo sentimos tibio, está en el punto justo.

$\mathcal{C}$ómo guardar el chocolate

- Lo ideal es mantenerlo en lugar fresco y seco, entre 20 y 24° C.
- Si se lo ha guardado en la heladera, "transpira" cuando se lo deja a temperatura ambiente.
- Si se lo guarda en un lugar más caluroso y se lo pasa al frío, la manteca de cacao que lo compone comienza a derretirse y aparece en la superficie una capa blanco grisácea. Esto no afecta el sabor; el chocolate volverá a su color original al ser derretido.

$\mathcal{C}$ómo derretir el chocolate

Se puede hacer de varias maneras:

- Colocar el bol con chocolate a baño de María en una cacerola con agua que hierva lentamente.
- Ponerlo en un recipiente refractario dentro de una cacerola con agua caliente.
- Colocar agua casi hirviendo sobre la tableta de chocolate y volcarla rápidamente.
- Ponerlo con el papel del envoltorio en un lugar caliente de la cocina.
- En **horno de microondas:** Colocar 30 g de chocolate semiamargo en trozos en un bol pequeño, calentarlo en potencia máxima (100%) durante 1 minuto, controlándolo hasta que esté brillante (el

chocolate mantendrá su forma). Retirar del horno y revolver hasta que esté terso.

• **Chocolate blanco**: Derretirlo a baño de María, pero sin llama. Una vez que el agua comience a hervir, apagar el fuego y apoyar el bol con chocolate en la cacerola. Así se evita que el vapor queme el chocolate. Prestar mucha atención para evitar que se pase.

C O N S E J O S

▼ *Para acelerar el proceso de derretido, poner el chocolate en piezas pequeñas y revolver constantemente.*

▼ *Al agregar líquido al chocolate derretido, añadir no más de dos cucharadas por vez para evitar que se endurezca.*

▼ *Si el chocolate no es de muy buena calidad, es probable que se endurezca mientras se lo derrite. En ese caso, agregar de a poco hasta 15 g de grasa vegetal por cada 90 g de chocolate. Revolver constantemente.*

▼ *Para derretir más de 450 g, empezar con 225 g y añadir el resto de a poco.*

▼ *Evitar que se caliente demasiado, pues entonces el chocolate puede ponerse granuloso.*

Rulos de chocolate

Colocar una capa fina del chocolate templado en la parte de atrás de una placa. Alisar muy bien con espátula sin dejar irregularidades y colocar en el frío. En el momento de utilizarlo tomar una espátula de metal, dividir la preparación en tiras de 5 cm de ancho (medida universal) y, comenzando por los bordes, deslizar la espátula enrollando el chocolate para formar los rulos.

ℬROWNIES DE CHOCOLATE

(20 brownies)

INGREDIENTES

4 huevos
500 g de azúcar
300 g de chocolate
1 y 1/2 taza de harina
200 g de manteca

1 • Derretir el chocolate con la manteca a baño de María. Batir el azúcar con los huevos hasta que la preparación obtenga un color amarillo pálido (no es necesario batir mucho).

2• Una vez tibia la mezcla del chocolate, incorporarla a los huevos, y por último, con movimientos envolventes, agregar la harina tamizada.

3 • Llevar a una placa enmantecada y enharinada en horno precalentado, de moderado a fuerte, durante aproximadamente 25 minutos. Cuando se mueva la asadera y esté firme, pinchar con un cuchillo y si no se le pega nada de la preparación ya están listos.

CONSEJOS

▼ *No ponerlos en horno mínimo, porque el azúcar decanta y se pega. Además, salen duros y secos.*

▼ *Antes de cortarlos, esperar a que se enfríen; de lo contrario se pegan al cuchillo.*

▼ *Usar siempre harina 0000.*

▼ *Nunca batir mucho para que resulte una masa compacta y no esponjosa.*

$\mathcal{B}$ROWNIES DIFERENTES

(1 docena)

INGREDIENTES

125 g de manteca
90 g de chocolate semiamargo
90 g de chocolate con leche
1/2 taza de azúcar rubia
2 cucharadas de miel
2 huevos
1 taza de harina
2/3 de taza de nueces picadas

1 • Enmantecar y enharinar una placa de 19 cm de lado.
2 • Derretir la manteca y ambos chocolates juntos a baño de María.
3 • Retirar del fuego y agregar el azúcar y la miel.
4 • Incorporar luego los huevos uno a uno, la harina cernida y las nueces pasadas por harina.
5 • Poner la preparación en la placa y cocinar durante 30 minutos o hasta que esté firme.
6 • Dejar enfriar y cortar en cuadrados.

ℒA CHOCOLATINE

(8 porciones)

INGREDIENTES

300 g de chocolate negro
1 vaso de leche
100 g de azúcar + 1 cucharada para el molde
50 g de fécula de maíz
1/2 cucharadita de extracto de vainilla
1/2 cucharadita de canela
6 yemas de huevo
4 claras
125 g de manteca + 10 g para el molde

CREMA
50 g de pasas de uva
6 cucharadas de ron
250 g de crema fresca
100 g de chocolate con leche

1 • Cortar el chocolate en pedacitos y colocarlo en una cacerola con la manteca, la leche, el azúcar, la fécula, la vainilla y la canela. Hacer fundir a fuego suave, revolviendo constantemente. Dejar espesar.

2 • Retirar del fuego, agregar de a una las yemas, batiendo bien. Batir las claras a punto nieve con una pizca de sal y agregar a la preparación anterior mezclando muy suavemente con cuchara de madera.

3 • Enmantecar el molde y espolvorear con azúcar. Volcar la preparación y llevar a horno caliente durante 30 minutos, después bajar la temperatura del horno y cocinar 15 minutos más.

4 • Dejar enfriar con el horno abierto 10 minutos. Darlo vuelta sin retirar el molde hasta que esté totalmente frío.

5 • Para la crema, macerar las pasas de uva en el ron. En una pequeña cacerola mezclar las pasas con la crema y llevar a ebullición. Agregar el chocolate cortado en pequeños trozos. Retirar del fuego y mezclar bien.

6 • Cubrir la torta con la crema y llevar a la heladera.

NOTA
▼ *La preparación anterior puede no llevar pasas de uva.*

ARROLLADO DE CHOCOLATE CON MOUSSE DE CHOCOLATE BLANCO

(10 porciones)

INGREDIENTES

200 g de chocolate
4 yemas
150 g de azúcar impalpable
4 claras

MOUSSE DE CHOCOLATE BLANCO
100 g de chocolate blanco
70 g de manteca
2 cucharadas de crema
3 claras
100 g de azúcar

1 • Calentar agua en una pava, sin que hierva. Verter el agua sobre el chocolate entero y volcarla inmediatamente.

2 • Batir las yemas con el azúcar a punto letra (véase pág. 18) y luego incorporarlas al chocolate.

3 • Por último incorporar muy suavemente las claras batidas a nieve.

4 • Colocar en una placa de 20 x 30 cm, con papel manteca enmantecado y enharinado. Cocinar, como un pionono (véase página 123), durante 15 minutos.

5 • Una vez que se lo retira del horno, se lo cubre con un repasador húmedo para que no se seque.

6 • Derretir el chocolate blanco a baño de María (véase pág. 21). Cuando esté tibio incorporarle la manteca y la crema.

7 • Batir las claras a nieve con el azúcar hasta que estén bien firmes.

8 • Por último, incorporar suavemente las claras. Poner a enfriar en la heladera durante 4 horas.

9 • Para armar el postre, una vez que la *mousse* esté fría, distribuirla sobre el pionono, arrollarlo con mucho cuidado. Colocarlo en el freezer, para que quede bien consistente, y espolvorearlo con cacao.

NOTA

▼ *Se recomienda poner especial cuidado en el proceso del armado, ya que la masa es muy frágil y a veces puede desarmarse un poco.*

ℬARRITAS DE CHOCOLATE

(16 barritas)

INGREDIENTES

50 g de manteca
200 g de chocolate en trocitos
2 cucharadas soperas de syrup de erable o jarabe de maíz
250 g de galletitas de manteca

1• Colocar en una cacerola a baño de María el chocolate, la manteca y la miel de maíz, hasta que esté todo disuelto.
2• Incorporar las galletitas procesadas.
3• Colocar la pasta obtenida en un molde cuadrado de 18 cm de lado y alisar la superficie.
4• Dejar enfriar y cortar en 16 barras.

NOTA

▼ *Esta receta es muy fácil y sirve para aprovechar galletitas quebradas.*

TERRINE DE TRES COLORES

(12 porciones)

INGREDIENTES

120 g de chocolate semiamargo
9 cucharadas de crema (140 cc)
9 cucharadas de manteca (140 g)
6 huevos
6 claras
3 cucharadas de azúcar
150 g de azúcar
150 g de chocolate blanco
150 g de chocolate con leche

CREMA INGLESA A LA MENTA
2 tazas de leche
1/3 de taza de azúcar
6 yemas
1 ramito de menta

1 • Pincelar con aceite el fondo y los costados de un molde de 12 x 3 cm. Usando la base del molde, cortar dos tiras de papel manteca, uno para el fondo y otra para la cubierta.

2 • Derretir todos los chocolates por separado, teniendo en cuenta las indicaciones de páginas 20 y 21.

3 • En una sartén poner a hervir 3 cucharadas de crema e incorporarlas al chocolate semiamargo. También agregar 2 yemas y 3 cucharadas de manteca.

4 • En otro bol, batir 4 claras (2 de las 6 de ingredientes y 2 de las yemas usadas en el punto 3), y también incorporarlas, agregándoles 1 cucharada de azúcar. Mezclar las claras con la preparación de chocolate y colocar en la *terrine*. Llevar al freezer.

5 • Repetir los pasos 3 y 4 con el chocolate blanco y el chocolate con leche.

6 • Cubrir la *terrine* con papel manteca y enfriar seis horas. Acompañar con una crema inglesa a la menta.

NOTA

▼ *Para preparar crema inglesa a la menta, colocar unas hojas de menta (un ramito) en la leche hasta que tome punto de ebullición. Retirar y proceder como se indica en página 62.*

COOKIES CON COPITOS DE CHOCOLATE

(5 docenas)

INGREDIENTES

250 g de manteca
1 cucharadita de esencia de vainilla
1/3 de taza de azúcar
2 tazas de harina leudante
3/4 de taza de fécula de maíz
140 g de copitos de chocolate o de chocolate en trocitos

1 • Batir la manteca, el azúcar y la esencia en un bol con batidora eléctrica hasta lograr una mezcla cremosa y clara.

2 • Colocar allí la harina, la fécula de maíz y los trocitos de chocolate. Formar una masa y dejarla descansar por lo menos 30 minutos en la heladera.

3 • Estirar la masa, con mucho cuidado, sobre la mesada enharinada y cortar con cortapastas de distintas figuras. Levantar con una espátula y colocar en placas enmantecadas y enharinadas.

4 • Cocinar en horno precalentado moderado, durante 10 minutos, hasta que comiencen a dorarse o se puedan separar de la placa.

5 • Dejar enfriar 3 minutos por lo menos antes de disfrutarlas.

TORTA DE CHOCOLATE DE MAMÁ

(8 porciones)

INGREDIENTES

180 g de manteca
100 g de chocolate
4 huevos
10 cucharadas de azúcar
4 cucharadas de harina leudante

100 g de chocolate cobertura semiamargo
50 g de manteca
500 g de dulce de leche

1• Derretir la manteca con el chocolate a baño de María. Batir las yemas con el azúcar a punto cinta (al levantar el batidor, la preparación debe caer de manera continua). Mezclar esas dos preparaciones e incorporarles la harina tamizada.

2• Agregar las claras batidas a nieve en forma envolvente.

3• Colocar en un molde o tartera de 24 cm de diámetro enmantecado y enharinado en horno precalentado moderado y cocinar hasta que esté firme.

4• Disolver a baño de María el chocolate con la manteca y el dulce de leche. Una vez que esté todo mezclado, untar la torta fría y colocar en la heladera.

TORTA DE CHOCOLATE CON FRUTAS DE ESTACIÓN

(12 porciones)

INGREDIENTES

240 g de manteca
240 g de azúcar
120 g de harina
120 g de almendras procesadas y tostadas
6 huevos
200 g de chocolate
1 kilo de frambuesas, frutillas o damascos

1• Batir las yemas con el azúcar. Agregar la manteca blanda y seguir batiendo constantemente.

2• A las almendras procesadas y tostadas, sin pelar, agregar la harina y por último las claras batidas a nieve.

3• Derretir el chocolate a baño de María y agregarlo a la preparación anterior. Colocar en un molde para tarta, enmantecado y enharinado, y encima disponer una por una las frutas.

4• Cocinar en horno moderado durante 40 minutos.

CONSEJO

▼ *Conviene utilizar las frutas frescas, ya que no desprenden tanto jugo.*

$\mathscr{S}$ALAME DE CHOCOLATE

(12 porciones)

Ingredientes

90 g de pasas de uva
220 g de chocolate cobertura semiamargo
60 g de manteca
6 cucharadas soperas de azúcar
90 g de almendras tostadas y cortadas
160 g de galletitas molidas
3 cucharadas de cáscaras de naranjas confitadas
2 yemas

1• Poner el chocolate junto con la manteca a baño de María. Cuando esté fundido agregar el azúcar, las almendras, las galletitas, las pasas y las cáscaras. Mezclar bien, retirar del fuego. Agregar las yemas y dejar enfriar completamente.
2• Con las manos estirar en forma de salame, envolverlo con papel de aluminio y poner al frío.

Nota

▼ *Se puede guardar en la heladera dos semanas o en el freezer seis meses. ¡Ideal para el café imprevisto con amigos!*

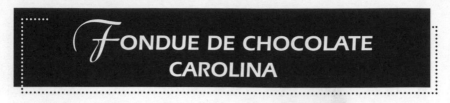

FONDUE DE CHOCOLATE CAROLINA

ESTA RECETA ES DE MI AMIGA CARO. ES RIQUÍSIMA Y MUY FÁCIL.

(6 porciones)

INGREDIENTES

1 y 1/2 tableta de chocolate
1 lata de leche condensada
1 pote de crema
1 vaso de coñac
1 cucharadita de café soluble

1• Poner en el recipiente para *fondue* el chocolate rallado y la leche condensada, llevar a fuego suave removiendo con una cuchara de madera, agregar el coñac, el café y la crema.

2• Retirar del fuego, siempre revolviendo, llevar a la mesa sobre calentador y sumergir en la *fondue* los ingredientes.

CONSEJO

▼ Para acompañar la fondue, *servir la mesa con: cubanitos con dulce de leche, trocitos de bizcochuelo, merenguitos, bay biscuits, frutas (bananas, frutillas, cerezas, etc.), mantecados, cookies, budincitos, etc.*

TORTA BOMBÓN DE CHOCOLATE

(12 porciones)

INGREDIENTES

MASA
7 huevos
7 cucharadas de azúcar
150 g de chocolate
1 pocillo de café
150 g de nueces o almendras procesadas

300 g de dulce de leche
250 cc de crema chantillí

COBERTURA DE CHOCOLATE
150 g de chocolate cobertura semiamargo
1 pocillo de café
50 g de manteca

1 • Disolver el chocolate y el café a baño de María; dejar enfriar.

2 • Batir las yemas con el azúcar a punto cinta (véase página 18). Incorporar la mezcla fría de chocolate, las nueces procesadas y por último, bien despacio y en forma envolvente, las claras batidas a nieve.

3 • Cocinar en un molde de 30 cm en horno moderado durante 25 minutos.

4 • Una vez fría, cubrir con una capa de dulce de leche y la crema fría.

5 • Derretir a baño de María los elementos de la cobertura (cuidar que no se queme, porque quedaría opaca) y cubrir la torta con mucho cuidado.

CONSEJOS

▼ *Conviene forrar el molde con papel de aluminio enmantecado y enharinado.*

▼ *Las nueces deben estar procesadas como polvo o como una harina.*

▼ *No bien se obtiene el punto de batido, se debe incorporar el resto de los ingredientes con mucho cuidado.*

▼ *Una vez que la torta se untó con la crema, debe dejarse en el frío una hora antes de colocarle la cobertura de chocolate.*

TORTA HÚMEDA DE CHOCOLATE CON CREMA INGLESA

(6 porciones)

INGREDIENTES

100 g de azúcar impalpable
6 yemas
150 g de chocolate
100 g de manteca
6 claras

1• Batir las yemas con el azúcar impalpable. En otro bol colocar el chocolate con la manteca y entibiar a baño de María. Luego agregarlo al batido anterior. Batir las claras e incorporarlas también.

2• Enmantecar y enharinar moldes individuales, apoyarlos sobre placas cubiertas con papel de aluminio, también enmantecado y enharinado, y distribuir en ellos la mitad de la pasta. Utilizar aros de pastelería chicos o latas de leche condensada o de atún sin fondo.

3• Verter la mitad de la pasta en los moldes y llevar a horno moderado durante 10 minutos.

4• Sacar del horno, verter encima la otra mitad de la preparación y llevar al horno nuevamente durante 8 minutos. Retirar, desmoldar y servir en un plato sobre crema inglesa (pág. 62).

VARIANTE

▼ *Hacer el doble de la preparación. Cocinar la mitad en un molde de 30 cm de diámetro, forrado con papel de aluminio, enmantecado y enharinado, durante 20 minutos en horno precalentado. Con la otra parte hacer una mousse agregándole un sobre de gelatina, si la queremos bien firme, y 200 cc de crema semibatida. Cubrir la torta con esta preparación. Decorar con rulos de chocolate (pág. 21) y servir sobre crema inglesa (pág. 62). Esta receta rinde 12 porciones.*

TORTA DE AVELLANAS Y CHOCOLATE

(10 porciones)

INGREDIENTES

8 claras
9 cucharadas de azúcar
8 yemas
100 g de chocolate rallado
100 g de avellanas ralladas
 y tostadas
50 g de vainillas molidas
esencia de vainilla
500 cc de crema
3 cucharadas de azúcar
50 g de avellanas tostadas
 y ralladas
1 frasco de dulce de frambuesa

BAÑO
200 g de chocolate
4 cucharadas de leche
1 cucharada de azúcar
60 g de manteca

1• Batir las claras a nieve, agregar el azúcar en forma de lluvia y cuando se forme el merengue duro, agregar las yemas. Sacar de la batidora y agregar suavemente el chocolate rallado, las avellanas, las vainillas molidas y la esencia.

2• Enmantecar y azucarar una tartera de 24 cm. Poner durante 15 minutos en horno moderado (con una cuchara en la puerta, para que quede entreabierto). Sacar la cuchara y dejar 25 minutos en horno moderado y 15 minutos en mínimo.

3• Batir la crema, agregar a la mitad del batido 3 cucharadas de azúcar y las avellanas. Una vez fría la torta, untarla con dulce de frambuesa y con la crema formar una cúpula.

4• Disolver el chocolate a fuego suave con la leche, el azúcar y la manteca.

5• Poner a enfriar la torta una hora y luego bañarla con el chocolate, que se va chorreando y alisando con una espátula de metal.

6• Volver a poner a enfriar. Decorar con rulos de chocolate (pág. 21).

CONSEJOS

▼ *A la crema, para que se mantenga más firme, se le agrega gelatina sin sabor hidratada. La proporción es de 1 sobre (7 g) por cada 500 cc de crema.*

▼ *Las avellanas se pueden reemplazar por almendras. Siempre que se utilicen avellanas, conviene tostarlas, para que no tengan sabor amargo.*

TARTA GANACHE DE CHOCOLATE

(10 porciones)

INGREDIENTES

MASA
30 g almendras tostadas
  y procesadas
250 g de harina
140 g de manteca
100 g de azúcar impalpable
1 pizca de sal
1 huevo
1 chorrito de esencia
  de vainilla

RELLENO
1/4 de kilo de dulce de leche

GANACHE
200 g de chocolate semiamargo
200 g de crema de leche

PARA DECORAR
200 g de almendras
200 g de azúcar

1• Con la punta de los dedos deshacer los ingredientes secos con la manteca y luego incorporarles el huevo y la esencia de vainilla.

2• Formar una masa, dejar descansar en la heladera media hora. Luego cubrir un molde redondo de 30 cm de diámetro y sujetar los bordes con papel metalizado. Llevar a la heladera 20 minutos más.

3• Colocar en horno de temperatura media, cocinar durante 30 minutos, pinchándola de vez en cuando con un tenedor.

4• Aparte, poner a hervir la crema y, una vez que tome punto de ebullición, apagar el fuego y agregar el chocolate. Luego, con una cuchara de madera, revolver hasta mezclar el chocolate y formar una crema.

5• Untar la torta con dulce de leche. Después colocar la *ganache* y enfriar.

6• Colocar en una sartén el azúcar y, cuando se empiece a acaramelar, agregar las almendras. Una vez que todo se hizo un caramelo, volcar sobre una placa aceitada o papel metalizado enmantecado. Cuando esté frío, cortarlo en trozos. Estas almendras servirán para decorar la torta.

NOTAS

▼ *Es riquísima y muy energética.*

▼ *La ganache, según para qué se utilice, puede prepararse más espesa o más líquida. El chocolate la espesa y la crema la aligera. También el cambio de proporción varía la tonalidad. Para rellenar profiteroles suele usarse bien oscura.*

▼ *En vez de dulce de leche, se puede usar dulce de frambuesas.*

FLORENTINOS

(20 florentinos)

INGREDIENTES

1/2 taza de nueces
1/2 taza de almendras
1 cucharada de pasas de uva
2 cucharadas de cáscaras de naranjas
70 g de manteca
1/2 taza de azúcar
2 cucharadas de crema
150 g de chocolate cobertura semiamargo

1• Picar chiquita toda la fruta seca. Derretir la manteca en una sartén, agregar el azúcar, disolver. Dejar hervir un minuto y no revolver mientras hierve.

2• Cuando la mezcla comience a tomar color caramelo, agregar la fruta y la crema, revolver y retirar enseguida. Poner la mezcla por cucharadas (separadas) en una placa enmantecada o en un papel siliconado o con proceso de teflón.

3• Cocinar en horno moderado durante 10 minutos o hasta que estén doraditos. Sacar del horno, retirarlos de la placa con una espátula y poner los florentinos, de a uno, en otra placa para que se enfríen.

4• Derretir el chocolate y pintar cada florentino sólo de un lado. Poner en la heladera.

CONSEJOS

▼ *Procesar toda la fruta seca.*

▼ *¡Ojo con los bordes! ¡Que no se quemen!*

▼ *Antes de utilizarlas, conservar las cáscaras de naranja en la heladera, para que no se sequen.*

TORTA CARNAVALESCA

(10 porciones)

INGREDIENTES

90 g de manteca
1 taza de harina
1/4 de taza de cacao
  semiamargo
8 huevos grandes
1 taza de azúcar
1 cucharadita de extracto
  de almendras
1 pizca de sal

CUBIERTA DE CHOCOLATE
600 g de chocolate semiamargo
30 g de manteca a temperatura
  ambiente
300 g de glucosa
2 cucharadas de brandy

Crema chantillí
Azúcar impalpable para espolvorear

RELLENO
9 yemas
12 cucharadas de azúcar
1 cucharada de azúcar impalpable
1 y 1/2 taza de marsala
3/4 de taza de ron

1• Derretir la manteca a baño de María y dejarla enfriar. Mientras, cernir la harina con una pizca de sal y el cacao.

2• Batir los huevos con el azúcar a punto letra (véase página 18). Incorporar la manteca muy despacio y por último la harina y el cacao en forma envolvente.

3• Perfumar con el extracto de almendras y colocar la preparación en un molde de 26 cm de diámetro.

4• Cocinar en horno precalentado moderado durante 35 minutos aproximadamente. Retirar del horno y dejar enfriar en el mismo molde.

5• Para preparar el relleno, hacer el sabayón mezclando todos los ingredientes en un bol y batiendo constantemente a baño de María hasta que se puedan dejar dibujos en la preparación. Retirar del fuego, cambiarlo de bol y colocarlo en la heladera.

6• Para la cubierta, derretir el chocolate a baño de María y retirarlo. Instantáneamente incorporar la manteca, la glucosa y el brandy. Integrar todos los ingredientes con una cuchara de madera hasta formar una pasta suave y pegajosa.

7• Guardarla en la heladera durante 2 horas, envuelta en papel film.

8• Para armar la torta, ahuecarla y mezclar la miga con el sabayón. Rellenar con esta mezcla y cubrir con la tapita de bizcochuelo. Guardar en la heladera.

9• Una vez que la pasta de chocolate tome cuerpo (queda una masa muy delicada), extenderla sobre la mesada espolvoreada con azúcar impalpable. Formar un círculo bien grande, tratando de trabajarla lo menos posible.

10• Poner la torta en el centro del círculo e ir levantando los bordes de la pasta de chocolate (dibujo 1); dejar pliegues que sobrepasen la altura del bizcochuelo. Decorar el interior con copetes de crema chantillí y flores de chocolate preparadas con la pasta.

FLORES DE CHOCOLATE

▼ *Para cada una, formar, a partir de un cilindro, una base con un eje central (dibujo 2). Cortar círculos de 3 cm de diámetro e ir adhiriéndolos al eje como se ve en los dibujos 3 y 4. Terminar de formarlas y agregar hojitas hechas con la misma pasta (dibujo 5).*

CONSEJO

▼ *No derretir la glucosa para incorporarla al chocolate. Se derrite sola con el calor del chocolate.*

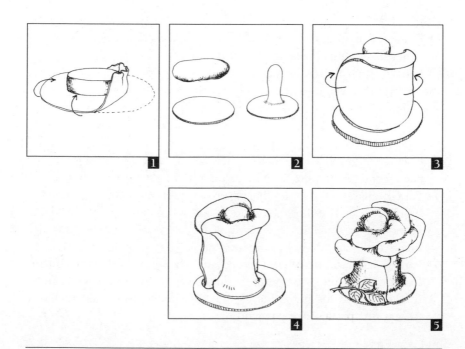

COCADAS

(2 docenas)

INGREDIENTES

8 claras
450 g de azúcar impalpable
400 g de coco rallado
Jugo de 1/4 de limón

1• Batir las claras e incorporarles el azúcar impalpable de a poco en forma de lluvia. Cuando tome consistencia de merengue, agregar el jugo de limón y el coco.

2• Colocar de a cucharadas en placas enmantecadas.

3• Llevar a horno precalentado moderado y cocinar durante 50 minutos aproximadamente, hasta que se doren y tomen consistencia.

MERENGUE FRANCÉS AU CHOCOLAT

(15 porciones o 30 merenguitos)

INGREDIENTES

5 claras de huevo
150 g de azúcar impalpable bien tamizada
35 g de cacao amargo
150 g de azúcar impalpable

1• Mezclar el cacao con el azúcar impalpable. Batir las claras durante 5 minutos, incorporar 20 g de azúcar para sostenerlas y seguir batiendo a baja velocidad.

2• Luego, con la espátula, incorporar rápidamente a la mezcla de cacao y azúcar impalpable.

3• Enmantecar y enharinar las placas o forrarlas con papel manteca. Repartir la mezcla en tres placas. Cocinar en horno tibio durante 1 hora. Rellenar con *mousse* de chocolate.

CONSEJOS

▼ *El horno debe estar a temperatura bien baja.*
▼ *Deben quedar crocantes por fuera pero húmedos por dentro.*
▼ *También quedan muy bien rellenos de crema helada de café.*
▼ *Si se emplea la preparación para una torta, rellenarla con* mousse *de chocolate y decorarla con rulos o almendras tostadas a los costados.*
▼ *Es muy importante que el azúcar impalpable no tenga grumitos.*

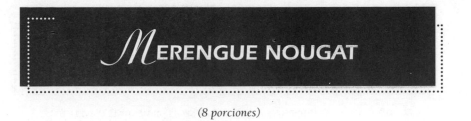

MERENGUE NOUGAT

(8 porciones)

INGREDIENTES

200 g de dátiles descarozados
250 g de vainillas
200 g de nueces
1 cucharadita de polvo de hornear
8 claras
400 g de azúcar común

1 • Cortar las vainillas en trozos de 1 cm, los dátiles y las nueces (no muy finos). En un bol mezclar todo y agregar el polvo de hornear.

2 • Batir las claras a punto nieve. Incorporar el azúcar. Agregar al contenido del bol, mezclando suavemente. Volcar todo sobre una placa de 20 x 30 cm, forrada con papel manteca enmantecado o sobre placa siliconada limpia. Cocinar durante 40 minutos en horno de temperatura mediana; dejar enfriar en el molde.

3 • Cortar en dos a lo largo y unir con crema y frambuesas frescas.

NOTA

▼ *En lugar de dátiles puede usarse ciruelas secas, tiernas, descarozadas.*

ALMOND DACQUOISE

UN DACQUOISE ES UN MERENGUE CON FRUTAS SECAS, ALMENDRAS O AVELLANAS.

(10 porciones)

INGREDIENTES

1 y 1/3 taza de azúcar
1 taza de almendras peladas y secadas en el horno
2 cucharada de fécula
8 claras de huevos grandes
1/4 de cucharadita de cremor tártaro

1• Preparar 3 placas enmantecadas y cubrirlas con papel metalizado y enmantecado.

2• Procesar 1 taza de azúcar y las almendras hasta que se conviertan en polvo.

3• Incorporarle la fécula de maíz, cernida, en forma envolvente.

4• Batir las claras con el cremor tártaro a punto nieve; por último incorporar 1/3 de taza de azúcar y seguir batiendo hasta que esté bien firme.

5• En forma envolvente y de a poco, incorporar el merengue a la mezcla de almendras.

6• Una vez listo, repartir en las placas y cocinar en horno precalentado, mínimo, durante 3 horas.

7• Retirar y dejar enfriar.

CONSEJO

▼ *Se pueden rellenar con* mousse *de chocolate, de café o de almendras; también con dulce de leche o crema.*

$\mathscr{M}$ERENGUES CON NUECES

(2 docenas de tamaño mediano)

INGREDIENTES

4 claras
1 pizca de sal
200 g de azúcar
300 g de nueces procesadas
Esencia de vainilla

1 • Precalentar el horno a temperatura moderada.
2 • Dentro de un gran bol, batir las claras a punto nieve con la pizca de sal. Agregar poco a poco el azúcar, la vainilla y las nueces molidas.
3 • Disponer con manga sobre placas enmantecadas cubiertas con papel de aluminio enmantecado. Los merengues deben tener el tamaño de una nuez.
4 • Cocinar en horno de temperatura muy baja durante 2 horas.

CONSEJO
▼ *Para hacerlos de chocolate agregar 2 cucharadas de cacao en vez de las nueces.*

MACARRONS CON CHOCOLATE EN TROCITOS

(40 macarrons)

INGREDIENTES

3 claras
3/4 de taza de azúcar
270 g de coco
190 g de chocolate en trocitos

1• Batir las claras en un bol hasta que se formen picos; gradualmente ir agregando el azúcar y batir hasta que ésta se disuelva completamente.

2• Incorporar el resto de los ingredientes de a poco y mezclando en forma envolvente.

3• Utilizando las manos húmedas, hacer bolitas y colocarlas en una placa enmantecada y enharinada, separadas por un espacio de 3 cm entre sí.

4• Cocinar, en horno de temperatura mínima, durante 20 minutos o hasta que tengan un color dorado. Cuando se puedan levantar sin que se peguen, están listos. Sacarlos y dejar enfriar en rejillas.

NOTA

▼ *¡Chicos, a cocinar!*

$\mathcal{N}$IDOS DE MERENGUE CON CREMA Y FRUTAS

(10 porciones)

INGREDIENTES

1 vaso grande de claras
2 vasos iguales de azúcar
1 cucharada sopera de fécula de maíz
1 pizca de sal

500 cm^3 de crema chantillí o helado
Frutas de estación (con mucho color)

1• Comenzar a batir las claras con una pizca de sal y cuando la preparación comience a hacer burbujas incorporar en forma de lluvia un vaso de azúcar y continuar batiendo hasta que esté bien duro.

2• Luego apagar la batidora y con el batidor de mano y en forma envolvente incorporar el resto del azúcar mezclado con la fécula.

3• Colocar en manga con boquilla rizada y formar nidos grandes o chiquitos, haciendo una espiral en la base y luego, en el borde de afuera, continuar subiendo para hacer la pared.

4• Cocinar en horno precalentado, muy pero muy bajito, durante 1 hora y media.

5• Una vez fríos, rellenar con crema o helado y frutas a gusto.

CONSEJOS

▼ *Si es para postre, se puede bañar con un coulis de frutas.*
▼ *También quedan muy ricos con helado y castañas en almíbar.*

ℬOMBA DE CASTAÑAS

(12 porciones)

INGREDIENTES

BIZCOCHUELO
3 huevos
100 g de azúcar
100 g de harina

1 tapa de merengue seco de 30 cm de diámetro (1/2 vaso de claras,
*   2 y 1/2 vasos de azúcar, 1 pizca de sal y 1/2 cucharada de fécula)*
1 kg de dulce de leche
400 cm³ de crema batida
500 g de castañas en almíbar
150 g de chocolate cobertura
1 nuez de manteca

1• Hacer el bizcochuelo según las indicaciones de página 122, en un molde de 30 cm y cocinarlo hasta que los bordes comiencen a desprenderse del molde.

2• Preparar el merengue con los ingredientes indicados, según las instrucciones de página 43.

3• Sobre placas enmantecadas y forradas con papel de aluminio enmantecado, formar el disco, de 30 cm de diámetro. Para ello, poner el merengue en una manga con boquilla rizada e ir trabajando en forma de espiral hasta cubrir completamente la superficie. Cocinar en horno muy suave durante 1 y 1/2 hora.

4• Para armar la bomba, colocar el bizcochuelo, untarlo con el dulce de leche, luego colocar el disco de merengue, y por arriba, en forma *bombée,* la crema chantillí mezclada con las castañas escurridas.

5• Poner en el freezer durante 1/2 hora y luego cubrir con el chocolate derretido a baño de María con la manteca. Guardar en la heladera y decorar con algunas castañas y el almíbar.

$\mathcal{T}$IPSEY CHEESECAKE

(10 porciones)

INGREDIENTES

400 g de queso blanco
1/2 kg de ricota procesada
1 taza de crema semibatida
12 merenguitos o 1 plancha de merengue
1 tazón de azúcar
6 huevos
2 cucharadas de cherry
1 kg de boysenberries *o frambuesas*
azúcar impalpable
1/2 kg de galletitas

1 • Mezclar los merenguitos rotos con el licor, para que se humedezcan. Precalentar el horno y hacer la mezcla de galletitas (véanse Notas).

2 • En un molde desmontable, acomodar la mezcla de las galletitas bien presionada. Mezclar el queso crema, la ricota y la crema batida. Batir los huevos y el azúcar hasta que estén espumosos e incorporarlos.

3 • Agregar los merenguitos y 1/3 de las *boysenberries*. Cocinar en horno moderado durante aproximadamente 45 minutos.

4 • Dejar enfriar, y decorar con el resto de *boysenberries* y azúcar impalpable.

NOTAS

▼ *Es una receta muy fácil, ya que requiere poca preparación.*

▼ *La torta está lista cuando, al agitar el molde, se mueve pero está consistente.*

▼ *Conviene utilizar berries o frutas rojas frescas, porque si están elaboradas al natural colorean el resto de la preparación.*

▼ *Para la base se utiliza la mezcla de galletitas: 1/2 kg de galletitas y 2 cucharadas de manteca (si no se han elegido galletitas con manteca). Debe lograrse una mezcla que se adhiera al molde pero que no quede muy grasosa.*

$\mathscr{M}$ARQUISE "LA SOÑADA"

(12 porciones)

INGREDIENTES

400 g de manteca
300 g de chocolate
2 tazas de azúcar
8 huevos
2 cucharadas al ras de harina

Dulce de leche

MERENGUE ITALIANO
400 g de azúcar
200 g de claras
1 pizca de sal

1 • Disolver a baño de María la manteca, el chocolate y el azúcar.
2• Batir ligeramente los huevos enteros y agregarlos a la preparación anterior, fuera del fuego y luego agregar la harina.
3 • Enmantecar y enharinar un molde y cocinar la preparación en horno moderado. Estará lista cuando comience a despegarse de los bordes. Retirar y dejar enfriar.
4• Despegar con un cuchillo y desmoldar.
5• Preparar el merengue italiano con los ingredientes indicados, siguiendo las instrucciones de página 42.
6• Sobre la torta, colocar una capa gorda de dulce de leche, una finita de crema sin azúcar y el merengue italiano·formando picos.

CONSEJOS

▼ *En vez de cubrirla con dulce de leche y el merengue, se puede decorar con crema chantillí.*
▼ *También queda bárbara con helado o con crema inglesa.*

Cremas, Mousses, Bavarois y Parfaits

*Están emparentados por la suavidad, la textura
y la delicadeza.*

Son en extremo sensibles a los cambios.

*Una crema con proporciones inadecuadas puede
deslucir cualquier postre.*

*Un toque mayor de gelatina en un bavarois arruinará
su sabor y cambiará su consistencia. Un parfait sin el
frío suficiente no será tan delicioso ni una mousse poco
batida brindará el mismo placer.*

*En sus diferentes versiones —solos, como rellenos de
tortas, acompañados por frutas o combinados con
merengue italiano—, siempre vamos a disfrutarlos.*

CREMA PASTELERA O PÂTISSERIE

HAY VARIAS RECETAS DE ESTA RIQUÍSIMA CREMA. SE PUEDE LOGRAR UNA CREMA MÁS LIVIANA CON MENOS CANTIDAD DE YEMAS O TAMBIÉN UNA CREMA MÁS SABROSA REEMPLAZANDO PARTE DE LECHE POR CREMA DE LECHE.

RECETA DE LA CREMA *PÂTISSERIE* A MI ESTILO

INGREDIENTES

2 huevos
2 yemas
2 cucharadas de fécula
2 cucharadas de harina 0000
200 g de azúcar
1 litro de leche

1 • Mezclar los huevos, las yemas, el azúcar, la fécula y luego ir incorporando la leche.
2 • Cocinar sobre fuego mediano, revolviendo con un batidor de alambre hasta que hierva. Esto es fundamental, ya que de lo contrario tendría gusto harinoso.
3 • Una vez que se retira del fuego, se puede saborizar.

CONSEJOS

▼ *Para evitar que se forme una costra en la superficie, pincelarla con manteca o espolvorearla con azúcar impalpable al retirarla del fuego y después de saborizarla.*
▼ *La consistencia que se le dé a la crema pastelera depende del uso que se le vaya a dar. Si es para decorar, debe ser más firme; por lo tanto, las cucharadas de harina o fécula serán bien colmadas (que se forme un copete en la cuchara).*

OTRA RECETA DE CREMA *PÂTISSERIE*

INGREDIENTES

500 cc de leche
100 g de azúcar
5 yemas de huevo
30 g de harina
1 chaucha de vainilla o esencia de vainilla

1• Abrir la chaucha de vainilla, colocarla en un bol con la leche y ponerla a hervir.

2• Trabajar las yemas con el azúcar y luego colocar la harina.

3• Agregar todo en la cacerola con la leche y poner el fuego al mínimo, sin dejar de revolver hasta que hierva.

4• Pasar la crema a través de un chino y salpicar con azúcar impalpable para que no se forme costra.

VARIANTES

▼ *Chocolate: Agregar 200 g de chocolate por litro de leche.*

▼ *Oporto: Reemplazar una taza de leche por una taza de oporto.*

▼ *Limón o naranja: Agregar ralladura de 2 limones o 3 naranjas por litro de leche.*

▼ *Vainilla: Agregar 1 cucharada de esencia de vainilla.*

▼ *Coñac o algún otro licor: Agregar 2 cucharadas.*

▼ *Praliné: Reducir 100 g de azúcar y agregar 50 g de praliné por litro de leche.*

$\mathcal{S}$ABAYÓN

Es una crema de origen italiano, hecha a base de vino, azúcar y yemas de huevo. Se lo sirve apenas tibio, presentado en copas o vasos decorados; también, mezclado con crema, es un delicioso helado.
Además, se utiliza para rellenar tortas, budines o como fondo de platos de frutas. Se puede aromatizar con un vino dulce como el oporto de Málaga, con un licor, o bien con champaña.

INGREDIENTES

1 yema
1 medida* de azúcar
1 medida* de oporto

(*Tomar como medida 1/2 cascarita de huevo.)

1 • Colocar una cacerola con agua a hervir y sobre el agua apoyar un bol con las yemas, el oporto y el azúcar, en este orden, para evitar que el azúcar queme las yemas. Comenzar a batir.

2 • No dejar de batir hasta que la preparación tome punto letra. (Al levantar la mezcla con el batidor, tiene que poder escribirse con ella sin que se deformen las letras. Además, durante el batido, al aproximarse al punto comienza a verse el fondo del bol.)

3 • Retirar el bol del baño de María y distribuir en compoteras o copas, si se lo va a servir como postre.

CONSEJOS

▼ *Esta preparación exige un buen batido a baño de María.*
▼ *Es fundamental lograr el punto letra exacto, pues de lo contrario la preparación se decanta.*
▼ *Debe espesar pero no coagular.*

CREMA HELADA DE SABAYÓN

(12 porciones)

INGREDIENTES

24 medidas de oporto
24 medidas de azúcar
24 yemas
400 cc de crema semibatida

1• Preparar el sabayón como se indica en la página anterior.

2• Cambiar de bol. Poner en la heladera. Cuando esté bien frío, incorporar la crema semibatida. Tapar con film y poner en el freezer.

3• Servir en copas. Si se desea, combinar con frutas.

CREMA CHIBOUST

Es una combinación de crema pâtisserie y merengue italiano. Es ideal para el Saint Honoré, y también para tartas de frutas.

INGREDIENTES

PÂTISSERIE
6 yemas
800 g de azúcar
30 g de fécula
350 ml de leche
1/2 chaucha de vainilla
1 sobre de gelatina sin sabor
50 ml de Grand Marnier

MERENGUE ITALIANO
360 g de azúcar
80 ml de agua
6 claras
30 g de glucosa

1• Colocar en un bol las yemas con 1/3 del azúcar hasta que estén de color claro (no demasiado). Agregar la fécula y mezclar bien.

2• En una cacerola poner la leche a hervir con la chaucha de vainilla y el resto del azúcar. Tan pronto como llegue a su punto de ebullición, colocar esta preparación de golpe dentro del batido de yemas, revolviendo continuamente.

3• Colocar nuevamente sobre el fuego y, sin dejar de revolver, esperar a que hierva durante más o menos dos minutos.

4• Aparte, calentar el Grand Marnier, disolver en él la gelatina y verter dentro de la *pâtisserie*. Traspasar todo a un bol, sacar la chaucha de vainilla y pintar la superficie con manteca.

5• Preparar un merengue italiano con glucosa, según las indicaciones de la página 42 y cuando la crema esté a temperatura ambiente, mezclar ambas preparaciones en forma envolvente.

CONSEJOS

▼ *Para lograr una buena crema Chiboust, mezclar el merengue y la crema pâtisserie cuando estén a la misma temperatura.*

▼ *Al merengue italiano se le agrega glucosa en el almíbar para darle una mayor consistencia a la crema y para prevenir la formación de cristales en el azúcar.*

▼ *Incorporar el merengue en forma envolvente, con espátula, para que la crema quede aireada.*

▼ *Conviene utilizar esta crema inmediatamente después de preparada.*

VARIANTE CON CHOCOLATE

1• Una vez preparada la *pâtisserie* para la proporción de esta receta, incorporar 75 g de chocolate cobertura rallado.

2• Después agregar el merengue con mucha suavidad.

NOTA

▼ *Si se utiliza chocolate de taza en lugar de cobertura, agregarle 20 g de fécula.*

CREMA INGLESA

Es la más delicada y fina de las cremas. Su preparación no incluye harina ni fécula, por lo que su consistencia sólo depende de las yemas de huevo y de su gran secreto, el punto justo.

RECETA BÁSICA

INGREDIENTES

10 yemas
200 g de azúcar
1 litro de leche
1 chaucha de vainilla

1• Hervir la leche. Aparte batir apenas las yemas con el azúcar. Incorporarle la leche caliente sin dejar de revolver.

2• Colocar en una cacerola y con una cuchara de madera revolver en forma de ocho hasta que espese. Éste es el momento de prestar atención para que no se pase de punto. Cuando la espuma va desapareciendo y queda una preparación lisa que nape (véase Glosario) en la cuchara de madera, en ese mismo instante hay que volcarla en un bol limpio, que en lo posible esté en un baño de María invertido (véase Glosario) e ir revolviendo cada tanto mientras se enfría.

CONSEJO

▼ *Si la crema no llega a su punto, queda muy líquida, y si se pasa, se corta. En este último caso, ponerla en procesadora o licuadora y enseguida llevar al frío.*

VARIANTES

▼ *Para aligerar su sabor, reemplazar 1 litro de leche por 1/2 litro de crema.*
▼ *Puede agregársele esencia de vainilla, café, praliné, frutas secas, chocolate, etc.*
▼ *Si se desea espesarla, utilizar, para la cantidad de la receta, 20 g de gelatina sin sabor.*

CRÈME BRULÉE

(6 porciones)

INGREDIENTES

7 yemas
150 g de azúcar
3 chauchas de vainilla
800 cc de crema de leche
200 cc de leche

1• Batir las yemas con el azúcar. Partir las chauchas de vainilla y sacarles las semillas, agregárselas a las yemas.

2• Incorporar la crema de leche y la leche, mezclar muy bien y dejar reposar durante una hora. Sacar la espuma que se le forma arriba y colocar en los recipientes en que se servirá (deben ser aptos para horno).

3• Cocinar en horno de temperatura muy baja (como la que requieren los merengues) hasta que tome consistencia similar a la del flan.

4• Se puede servir tibia o fría. Espolvorear con azúcar impalpable y gratinar.

CONSEJOS

▼ *Si se teme que se pase, conviene cocinarla en el horno a baño de María.*

▼ *Una vez que se retira del horno, colocar dos horas en la heladera y luego retirarlas, espolvorear con azúcar impalpable y gratinarlas con soplete.*

▼ *Se le pueden incorporar frutas, como frambuesas o naranjas.*

MATILLAS

(6 porciones)

INGREDIENTES

1 litro de leche
4 yemas
4 cucharadas de azúcar
Corteza de limón
1/2 cucharada de fécula de maíz

1 • Poner la leche en un bol con 2 cucharadas de azúcar y la corteza de un limón. Calentar hasta que empiece a hervir.

2 • Aparte, batir las yemas con el resto del azúcar y la fécula de maíz. Retirar la leche del fuego, sacar la cáscara de limón y poco a poco incorporarle la mezcla de huevos, remover para que los ingredientes queden unidos y evitar la aparición de grumos.

3 • Acercar al fuego con la llama al mínimo. Cocer con precaución; no debe hervir. Revolver con cuchara de madera hasta que la crema quede lisa. Volcar sobre una fuente honda y guardar en la heladera hasta el momento de servir.

"MILHOJAS" DE CHOCOLATE CON GLOBITOS Y MOUSSE

PARA PREPARAR ESTA RECETA SE NECESITA UN TROZO DE PLÁSTICO CON GLOBITOS DE LOS QUE SE USAN PARA PROTEGER DE GOLPES A LAS MÁQUINAS.

(6 porciones)

INGREDIENTES
100 g de chocolate cobertura semiamargo
200 g de chocolate cobertura blanco

MOUSSE DE DULCE DE LECHE CON ALMENDRAS
1/2 kilo de dulce de leche pastelero
500 g de crema semibatida
1 taza de almendras tostadas y procesadas
2 sobres de gelatina sin sabor, hidratadas en agua

1 • Derretir ambos chocolates por separado a baño de María (véanse páginas 20 y 21).

2 • Con un pincel, cubrir el plástico con chocolate semiamargo y llevar al frío durante quince minutos. Sacar de la heladera y con una espátula recubrir el chocolate negro con el blanco.

3 • Volver a la heladera 15 minutos y, una vez bien frío, marcar con un cortapastas de 10 cm de diámetro, presionando con cuidado. Despegar si el chocolate continúa frío; de lo contrario, volver a enfriar antes de desmoldar.

4 • Para preparar la *mousse*, unir en un bol todos los ingredientes y poner a enfriar unas horas.

5 • Armar las milhojas poniendo un disquito de chocolate, una capa de *mousse*, otro disco, *mousse*, y completar con disco.

6 • Servir en platos bañados con crema inglesa.

CONSEJOS
▼ *Es muy importante conservar baja la temperatura de las manos. Para ello, pasarlas por agua fría.*
▼ *Puede variarse el sabor de la* mousse.

MOUSSE DE CHOCOLATE

(8 porciones)

INGREDIENTES

300 g de azúcar
300 g de chocolate
150 g de manteca
300 g de crema
6 yemas
3 claras
Agua, cantidad necesaria

1 • Llevar al fuego el azúcar cubierta con agua hasta que tome punto de hilo fuerte (véase pág. 18). Mientras, batir las yemas en una batidora y cuando el almíbar tome su punto incorporarlo a las yemas en forma de hilo, sin parar de batir hasta que se enfríe, como en el procedimiento de un merengue italiano.

2 • Aparte, derretir el chocolate a baño de María con la manteca, y una vez frío incorporarlo a la preparación anterior. Luego agregar la crema semibatida y por último las tres claras batidas a nieve, con movimientos suaves y envolventes. Llevar a la heladera hasta que tome cuerpo.

CONSEJO

▼ *Si se la utiliza para relleno de torta, conviene ponerle gelatina hidratada (más o menos 7 g) después de haber incorporado el chocolate.*

MOUSSE DE BANANAS

(5 porciones)

INGREDIENTES

250 g de bananas (peladas) maduras pero no pasadas
Jugo de 2 limones
Jugo de 1 naranja
1 sobre de gelatina sin sabor
350 ml de crema semibatida
125 g de azúcar

1• Cortar las bananas en trozos. Procesar con el jugo de limón y de naranja y el azúcar hasta obtener un puré.

2• Hidratar la gelatina en 2 cucharadas de agua, kirsh o algún licor tipo Grand Marnier y agregarla al puré de bananas.

3• Por último incorporar muy lentamente la crema. Poner a enfriar.

NOTA

▼ *Queda muy bien con una salsa de caramelo o en alguna tarta con bananas acarameladas.*

MOUSSE DE LIMÓN

(8 porciones)

INGREDIENTES

Jugo de 6 limones
Ralladura de 3 limones
6 yemas
100 g de azúcar
250 cm³ de leche
350 cm³ de crema

6 claras
80 ml de agua
300 g de azúcar

CASCARITAS DE LIMÓN CONFITADAS
Cascaritas de un limón
Jugo de 2 limones
1/2 taza de azúcar

1 • Preparar una crema inglesa poniéndola a punto de ebullición con la leche y la crema (véase página 62).

2 • Agregar el jugo y la ralladura de los limones.

3 • Por otra parte, hacer un merengue italiano con el almíbar de azúcar y agua y las 6 claras (véase página 42). Incorporarlo a la mezcla anterior con movimientos suaves y envolventes.

4 • Para preparar las cascaritas confitadas, cortar la cáscara en fina juliana sin la parte blanca y poner a hervir con el jugo de limón y el azúcar hasta que el líquido quede reducido a la mitad.

5 • Por último, decorar con las cascaritas de limón confitadas.

$\mathcal{B}$AVAROIS DE DAMASCOS

(8 porciones)

INGREDIENTES

1 kg de damascos frescos descarozados o 2 latas
1 taza de crema
15 g de gelatina sin sabor
2 huevos
2 yemas
3/4 de taza de azúcar
2 cucharadas de licor de damascos

1• Si los damascos son frescos, hacer un almíbar con 250 cm³ de agua, 1 taza de azúcar y el jugo de 1 limón. Llevar a punto de ebullición y cocinar durante 2 minutos.

2• Escurrir los damascos y reservar 1/2 taza de almíbar.

3• Procesar los damascos. Batir la crema hasta que forme picos y enfriarla.

4• Hidratar la gelatina en el almíbar reservado.

5• En un bol de acero, mezclar las yemas, los huevos, los damascos procesados y el azúcar. Cocinar revolviendo continuamente hasta que hierva.

6• Cambiar la mezcla a otro bol y revolver hasta que se enfríe.

7• Incorporar a esta mezcla la gelatina; luego la crema y el licor.

8• Colocar la mezcla en el molde frío y poner en el freezer 2 horas por lo menos antes de servir.

CONSEJOS

▼ *Se puede acompañar con crema.*
▼ *Para desmoldar, pasar rápidamente por agua caliente.*

ℬAVAROIS DE CASTAÑAS

(10 porciones)

INGREDIENTES

300 ml de leche
5 yemas
50 g de azúcar
1 sobre de gelatina sin sabor
400 g de puré de castañas
500 cc de crema
30 cc de ron

1 • En una cacerolita poner la leche a punto ebullición. Aparte, batir las yemas con el azúcar hasta que tomen un color limón pálido y hacer una crema inglesa (véase página 62).

2 • Cuando la crema esté lista, retirar del fuego, incorporar la gelatina y el puré de castañas. Dejar enfriar a temperatura ambiente.

3 • Por último incorporar la mezcla de castañas a la crema semibatida y después el ron. Poner en el molde y enfriar 2 horas por lo menos.

NOTA

▼ *Se emplea poca azúcar, porque el puré de castañas ya viene azucarado.*

TERRINE DE CASTAÑAS TRUFADAS

(6 porciones)

INGREDIENTES

1 taza de puré de castañas sin endulzar
1 cucharada de azúcar
20 g de manteca blanda
200 g de chocolate semiamargo picado
1/3 de taza de crema
70 g de chocolate blanco picado
1 cucharada de crema extra

1 • Forrar con papel de aluminio un molde de 15 x 8 cm. Colocar el puré, azúcar y manteca en un bol mediano, batir hasta que la preparación esté liviana y cremosa.

2 • Colocar el chocolate semiamargo y la crema en un bol pequeño para horno. Introducirlo en un bol con agua hirviendo y batir hasta que el chocolate se haya derretido y la mezcla sea suave. Enfriar ligeramente.

3 • Volcar la mitad de la mezcla en el molde forrado y refrigerar hasta que endurezca.

4 • Colocar el chocolate blanco y la crema extra, derretir igual que en el caso anterior. Enfriar y volcar sobre la mezcla de chocolate negro ya fría. Llevar nuevamente al refrigerador hasta que se endurezca.

5 • Extender la crema de castañas sobre el chocolate blanco y volver al refrigerador. Por último colocar encima de las castañas el resto de chocolate negro y llevar al refrigerador.

CONSEJOS

▼ *Preparar esta* terrine *dos días antes y mantener en la heladera hasta el momento de servir.*

▼ *Utilizar castañas al natural, no en almíbar.*

ℙARFAIT DE CAFÉ

(10 porciones)

INGREDIENTES

230 g de azúcar
5 cucharadas de agua
10 yemas
100 cc de café fuerte
100 cc de ron
600 g de crema fresca
Algunas frutillas y hojas de menta para decorar

1• Cocinar 180 g de azúcar con el agua en una cacerola sobre fuego suave, mover, dejar hervir hasta punto almíbar bolita blanda (véase página 18).

2• Batir las yemas con el azúcar restante hasta que la preparación se ponga blanca. Agregar el almíbar caliente en forma de hilo y sin dejar de batir. Seguir batiendo y agregar el café y el ron. Continuar batiendo hasta que enfríe la preparación. Batir la crema a punto chantillí e incorporarla a la mezcla anterior.

3• Volcar sobre un molde de budín inglés y llevar al congelador por lo menos dos a tres horas antes de servirlo.

NOTA

▼ *Los* parfaits *siempre deben servirse bien helados.*

▼ *Queda muy bien servirlo como un helado dentro de un nido de merengue, cubierto con salsa de chocolate.*

▼ *Para desmoldar pasarlo 1 minutito por un baño de María caliente o frotar el molde con un repasador embebido en agua caliente y escurrido.*

PARFAIT DE CHOCOLATE

(10 porciones)

INGREDIENTES

4 yemas
4 huevos
120 g de azúcar
300 g de chocolate cobertura
400 cm³ de crema
60 g de azúcar

1 • Batir a punto letra (véase página 18) los huevos y las yemas con el azúcar.

2• Aparte, derretir el chocolate a baño de María; una vez frío, incorporarlo a la mezcla anterior.

3 • Por último agregar en forma envolvente, la crema batida con el resto del azúcar.

4• Colocar en el molde y recubrir con papel film.

5• Guardar en el freezer.

CONSEJO

▼ *Queda riquísimo mezclado con avellanas tostadas (agregarlas junto con la crema batida) y acompañado con un coulis de frutas rojas (pág. 260) o crema inglesa (pág. 62).*

PARFAIT DE CHOCOLATE BLANCO Y NEGRO

(8 porciones)

INGREDIENTES

MOUSSE DE CHOCOLATE BLANCO
2 tazas de crema
Esencia de vainilla
240 g de chocolate blanco en trocitos
3 claras
1/4 de taza de azúcar
2 cucharadas de agua

MOUSSE DE CHOCOLATE NEGRO
2 tazas de crema
240 g de chocolate semiamargo en trocitos
2 cucharadas de Grand Marnier
1/4 de taza de azúcar
2 cucharadas de agua
3 claras

CROCANTE DE ALMENDRAS Y NUECES
1 clara
1/2 taza de azúcar
2 cucharadas de ralladura de limón
1 tazas de nueces y 1 taza de almendras, ambas picadas grueso

SALSA DE CÍTRICOS
2 tazas de gajos de limón, naranja y pomelo
1 taza de jugo de los tres
2 tazas de azúcar
2 cucharadas de licor de naranjas
2 cucharadas de menta cortada en juliana

1• Para preparar la *mousse* de chocolate blanco, batir la crema a medio punto.
2• Derretir el chocolate según las indicaciones de página 21.
3• En una pequeña sartén, colocar el agua y el azúcar sobre el fuego, hasta que el azúcar se disuelva y alcance punto bolita blanda (véase página 18).

4• Batir las claras a nieve, preparar el almíbar y proceder como para un merengue italiano (página 42).

5• Incorporar el chocolate al merengue. De a poco agregar la crema y la vainilla. Poner en un bol y colocar en el freezer durante 2 horas.

6• Repetir los pasos anteriores para preparar la *mousse* de chocolate negro.

7• Para el crocante de nueces y almendras, precalentar el horno y aceitar una placa mediana. En un bol combinar todos los ingredientes y volcar en la placa. Cocinar de 5 a 8 minutos removiendo ocasionalmente hasta que queden crocantes y azucaradas.

8• Enfriar y reservar.

9• Para preparar la salsa de cítricos, poner todos los ingredientes en un bol, cubrirlo y guardar un rato en la heladera

10• El *parfait* se arma por capas. Colocar en copas una capa de *mousse* de chocolate negro, luego un poco de crocante trozado, *mousse* de chocolate blanco, y terminar con salsa y más crocante.

CONSEJOS

▼ *Los* parfaits *deben refrigerarse por lo menos durante 2 horas.*

▼ *Las nueces y almendras se pueden reemplazar por pistachos o castañas*

PARFAIT DE CHOCOLATE BLANCO Y NEGRO CON FRAMBUESAS

(12 porciones)

INGREDIENTES

MERENGUE ITALIANO
100 g de claras
75 g de azúcar
1/2 tacita de agua

PARFAIT DE FRAMBUESAS
200 g de chocolate con leche
100 g azúcar
1 huevo
2 yemas
7 g de gelatina sin sabor
250 g de frambuesas licuadas
300 cc de crema
250 g de frambuesas frescas

MOUSSE DE CHOCOLATE BLANCO
200 g de chocolate blanco
50 g de manteca derretida
450 ml de crema semibatida

1• Derretir a baño de María el chocolate blanco.

2• Luego, rápidamente incorporar la manteca con 1 cuchara de madera.

3• Una vez fría esta mezcla, incorporarle la crema semibatida y el merengue italiano preparado según las indicaciones de página 42.

4• En un bol de aproximadamente de 25 cm de diámetro, colocar la *mousse* de chocolate blanco, cubriendo el fondo y las paredes, y dejando un hueco en el centro para colocar el *parfait* de chocolate y frambuesas.

5• Para preparar el *parfait* de chocolate y frambuesas, derretir el chocolate con leche, a baño de María.

6• En un bol, batir el huevo y las yemas. Poner el azúcar en una sartén y cubrirla apenas con agua, para preparar un almíbar.

7• Cuando el almíbar tome punto de bolita blanda (véase página 18), incorporarlo en forma de hilito fino al batido de huevos, hasta que se enfríe por completo.

8• Mezclar este batido con el chocolate derretido.

9• Hidratar la gelatina con 1 cucharada de agua fría e incorporarla a la mezcla.

10• Agregar al chocolate las frambuesas licuadas, la crema semibatida y 100 g de frambuesas enteras.

11• Colocar el *parfait* de chocolate dentro del agujero dejado en la *mousse* de chocolate blanco, y ponerlo en el freezer durante 2 horas.

12• Para servirlo, desmoldar y decorar con frambuesas frescas.

13• Se puede acompañar con una crema inglesa (pág. 62) o una salsa de caramelo (pág. 258).

CONSEJOS

▼ *Si se desea el* parfait *de chocolate y frambuesas más dulce, se puede agregar 50 g de azúcar a la crema. Si se desea menos dulce, se puede utilizar chocolate cobertura semiamargo.*

▼ *También se pueden suprimir las frambuesas procesadas e incorporarlas todas enteras.*

▼ *Se puede decorar con un coulis de frambuesas (pág. 260) y rulos de chocolate (pág. 21).*

Masas

Esponjosas, finitas, crocantes, firmes, frágiles, tibias, sensuales...

Las masas son fascinantes.

Algunas requieren que las tratemos con gran suavidad, otras necesitan un amasado intenso (excelente para descargar tensiones), todas tienen sus secretos y, si nos habituamos a seguirlos, siempre responden con espléndidos resultados.

Lo importante, además de respetar las cantidades y los tiempos con exactitud y fidelidad, es prepararlas con amor y hacernos cómplices de su magia.

PÂTE SABLÉE

Su nombre evoca su textura. Se deshace sobre la lengua; es crocante y tierna a la vez. Se la utiliza para galletitas, tarteletas y fondos de tartas.
Sus variedades son ideales para preparar masitas secas; se cortan con cortapastas de diferentes formas y se las decora con chocolate o glacé.
Las proporciones de las recetas que se dan a continuación son para moldes de 30 cm de diámetro.

PÂTE SABLÉE I

Es muy delicada. No conviene utilizarla para tarteletitas ni para rellenos húmedos; sí para alfajorcitos, tartas secas o simples.

INGREDIENTES

250 g de harina
200 g de manteca en trozos fría
50 g de azúcar impalpable

1• Cernir la harina en un bol; agregar el azúcar impalpable.
2• Incorporar la manteca y con las manos bien frías deshacerla integrándola a la harina y el azúcar.
3• Quedará una masa sensible, que deberá ser llevada a la heladera antes de usarla

PÂTE SABLÉE II

Es apropiada para tartas dulces con rellenos de frutas y para crema pâtisserie.

INGREDIENTES

240 g de harina
160 g de manteca fría y en trozos
80 g de azúcar impalpable
1 chorrito de agua fría

1• Cernir la harina en un bol, mezclarla con el azúcar impalpable.

2• Colocar la manteca bien fría y deshacerla, mezclándola con el azúcar y la harina.

3• Incorporar el agua fría de a chorritos. Si se agrega demasiada agua se arruinará la masa, porque se encoge.

$\mathcal{P}$ÂTE SABLÉE III

SE UTILIZA MUCHO PARA TARTELETAS Y MASITAS. EL HUEVO SE INCLUYE PARA DAR MÁS FIRMEZA A LA MASA.

INGREDIENTES

300 g de harina
200 g de manteca
100 g de azúcar impalpable
1 huevo

1• Cernir la harina en un bol. Mezclarla con el azúcar impalpable.

2• Colocar la manteca fría e ir mezclándola con los demás ingredientes, y por último el huevo, hasta formar la masa.

CONSEJOS

▼ *Armarla con las manos, sin que ningún batidor o cuchara se interponga entre el pastelero y su masa.*

▼ *Mantener bien frías las manos y la superficie sobre la que se trabaja. Lo ideal es prepararla sobre mármol y pasar las manos por agua fría.*

▼ *Si la masa se ablanda, ponerla en la heladera para que vuelva a endurecer.*

▼ *Unir los ingredientes con la punta de los dedos, para formar una masa homogénea, sin grumos, pero no trabajarla mucho.*

▼ *Utilizar azúcar impalpable.*

▼ *La masa se debe guardar en la heladera, envuelta en papel aluminio o film, durante media hora por lo menos antes de utilizarla.*

▼ *No hace falta enmantecar los moldes, pues la masa contiene mucha manteca.*

▼ *Cocinar en horno caliente (200 a 220° C) para lograr una masa dorada y crocante.*

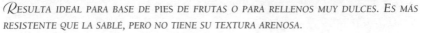

ƤÂTE BRISÉE

RESULTA IDEAL PARA BASE DE PIES DE FRUTAS O PARA RELLENOS MUY DULCES. ES MÁS RESISTENTE QUE LA SABLÉ, PERO NO TIENE SU TEXTURA ARENOSA.
LAS PORCIONES DE LAS RECETAS QUE SE DAN A CONTINUACIÓN SON PARA MOLDES DE 30 CM DE DIÁMETRO.

INGREDIENTES

250 g de harina
150 g de manteca en trozos
1 pizca de sal
1 huevo
1 pizca de azúcar

1• Cernir la harina en un bol, agregar la manteca, la sal, el huevo y el azúcar. Unir bien todo, formar la masa y dejar reposar en la heladera durante media hora antes de usar.

ƤÂTE BRISÉE SUCRÉE I

ES LA MÁS ADECUADA PARA CLAFOUTIS, CREMAS ELABORADAS EN BASE A LECHE Y HUEVOS, CON AGREGADO DE DIFERENTES FRUTAS, MUY POPULARES Y CLÁSICAS EN FRANCIA.

INGREDIENTES

250 g de harina
100 g de manteca en trocitos
100 g de azúcar impalpable
1 pizca de sal
2 huevos

1• Cernir la harina, el azúcar y la sal en un bol, deshacer la manteca con la punta de los dedos formando un granulado fino e incorporar por último el huevo para formar la masa.
2• Dejar descansar media hora y utilizar.

$\mathcal{P}$ÂTE BRISÉE SUCRÉE II

$\mathcal{A}$UN AMASADAS FINAS, SOPORTAN BIEN LOS RELLENOS HÚMEDOS.

INGREDIENTES

300 g de harina
150 g de manteca
3 yemas
80 g de azúcar
Esencia de vainilla
1 cucharada de coñac

1 • Cernir la harina en un bol y agregar la manteca en trozos. Incorporar las yemas, el azúcar, la vainilla y el coñac, hasta formar la masa.

CONSEJO

▼ *Tener en cuenta que este tipo de masa requiere trabajarla siempre con las manos frescas. Para esto, se aconseja sumergirlas con frecuencia en agua fría. Si la masa sube de temperatura, ponerla unos minutos en la heladera.*

₱ÂTE AU CHOUX
O MASA BOMBA

Esta masa es muy especial. Como todo en pastelería, debe ser preparada en forma exacta y fiel a sus cantidades. Es base de muchos postres, como el Saint Honoré, Paris Brest, croquembouche.

INGREDIENTES

250 cc de agua   100 g de manteca
1 pizca de sal   150 g de harina
1 cucharada de azúcar impalpable   4 huevos

1 • Colocar el agua, la sal, el azúcar y la manteca en un bol de acero y llevar al fuego.

2• Cuando esta mezcla alcance el punto de ebullición, incorporar la harina de golpe y batir enérgicamente. (Se aconseja usar batidor o cuchara de madera.)

3 • Se forma una bola de masa. Retirar del fuego y pasar a otro bol limpio; continuar batiendo hasta que se enfríe.

4• Una vez fría (que no queme al tocarla), agregar los huevos de a uno, batiendo bien después de cada uno.

5• Tomar una pequeña cantidad de la masa entre el pulgar y el índice y comprobar si se forma un hilo al separarlo. Si esto ocurre, la masa ya está lista.

6• Poner la masa en una manga con boquilla mediana, rizada o lisa, y sobre placas enmantecadas y enharinadas formar las bombas o palos de Jacob del tamaño deseado. La masa también puede colocarse por cucharadas.

7• Cocinar en horno precalentado de moderado a fuerte (para que se inflen de entrada) aproximadamente durante 25 minutos. Bajar la temperatura del horno y dejar 20 minutos más. Lo ideal es que en ese lapso no se abra ni se golpee la puerta del horno, para evitar toda corriente de aire.

8• Apagar el horno, abrirlo y dejar que se enfríen dentro de él.

9• Rellenar a gusto.

CONSEJOS

▼ *Incorporar toda la harina de golpe no bien comience a hervir el agua con la manteca, para evitar que la evaporación altere las proporciones.*

▼ *Tener en cuenta que el peso de los huevos debe ser de aproximadamente 60 g cada uno.*

▼ *En caso de que se cortara la masa, agregar otro huevo y batir.*

MASA DE TUILLES

Es una masa mágica. Permite crear gran cantidad de formas: cucuruchos, canastitas, pequeños discos para petit fours.

INGREDIENTES

125 g de manteca
75 g de claras
5 cucharadas de azúcar impalpable
5 cucharadas de harina
Ralladura de limón hecha con zester (véase Glosario)

1• Trabajar la manteca y el azúcar impalpable hasta obtener una crema.

2• De a poco integrar las claras (3 claras de huevos chicos o 2 y 1/2 de huevos grandes).

3• Por último incorporar la harina y el limón; formar una masa cremosa.

4• Sobre placas enmantecadas y enharinadas, y con la ayuda de la parte de atrás de una cuchara o con la yema de los dedos, formar discos del tamaño adecuado según el uso que se desee darles.

5• Cocinar unos minutos en horno precalentado, de moderado a fuerte. Quedarse al lado, para controlar que no se quemen. Una vez que comiencen a cambiar el color, estarán listos.

6• Retirar del horno y levantarlos con la punta de una espátula de pintor, muy rápidamente, antes de que se endurezcan.

7• Colocarlos sobre vasos dados vuelta y presionar con las manos para lograr la forma de tulipa.

8• Dejar enfriar, desmoldar y utilizar.

CONSEJOS

▼ *Antes de utilizar la masa, puede guardársela hasta una semana en la heladera.*

▼ *Una vez que estén hechos los discos, deben conservarse en cajas herméticamente cerradas, en lugar seco y fresco, ya que el mínimo contacto con la humedad los arruinaría.*

▼ *También se pueden hacer cookies con ellos como para acompañar el helado.*

▼ *Se puede dar color a la masa con coulis de frambuesa o cacao y jugar así con líneas sobre el mismo disco para luego hacer cucuruchos.*

▼ *Es ideal cocinarlos sobre placas siliconadas limpias, para que se despeguen bien.*

▼ *Si se los utiliza para petit fours, moldearlos sobre el mango de una cuchara de madera.*

MASA DE STRUDEL

TAMBIÉN SE LA CONOCE COMO "MASA DE LOS 50 GOLPES". CUANDO ESTÁ BIEN PREPARADA, DEBE PODER LEERSE EL DIARIO A TRAVÉS DE ELLA. PERO, A PESAR DE SU LEVEDAD, RESISTE MUY BIEN LOS RELLENOS HÚMEDOS. PUEDE UTILIZÁRSELA TANTO PARA PREPARACIONES SALADAS COMO PARA POSTRES.

INGREDIENTES

250 g de harina
1 huevo
30 g de manteca derretida
1/4 de cucharadita de sal
Agua tibia, cantidad necesaria

1• Unir los ingredientes y agregar el agua tibia hasta formar una masa blanda y golpearla durante 15 minutos. Dejarla descansar 1/2 hora.

2• Estirarla primero con el palo de amasar todo lo que se pueda y luego con las manos, sobre un mantel liso enharinado, con mucho cuidado de no perforarla.

3• Pincelarla con manteca derretida para rellenos dulces, y con aceite para los salados.

CONSEJOS

▼ *Antes de colocar el relleno, cortar los bordes, que siempre quedan más gruesos.*
▼ *La cocción se realiza en horno precalentado moderado.*

MASA PHILA

ESTA MASA ES FINA COMO UN PAPEL, Y EN EXTREMO DELICADA. MUY USADA EN POSTRES JUDÍOS Y PASTELERÍA ÁRABE.

INGREDIENTES

500 g de harina
1 chorrito de aceite de oliva
1 pizca de sal
Agua tibia, cantidad necesaria

1• Cernir la harina en un bol, agregar el aceite, la sal y el agua tibia hasta formar la masa que se pueda estirar con facilidad pero que no quede húmeda (similar a la de Strudel).

2• Dividirla en bollitos. Separar cada uno por capas bien gruesas de fécula, y superponerlos.

3• Al tener una pila, estirar todos juntos con el palote, sacudir bien y dejar sin nada de fécula, para que no se sequen.

CONSEJOS

▼ *No excederse al estirarla, porque es muy frágil.*

▼ *Evitar las corrientes de aire cuando se la prepara.*

▼ *Puede guardarse en la heladera, envuelta en papel blanco y dentro de una bolsa de nailon cerrada herméticamente, durante 3 días como máximo.*

HOJALDRE

ELEGANTE, CRUJIENTE, DELICIOSO, ES UN CLÁSICO DE LA PASTELERÍA. ENTRE SUS PLIEGUES GUARDA EL SECRETO DE SU TRANSFORMACIÓN. PUEDE SERVIRSE SOLO O EN PLATOS DULCES O SALADOS.

INGREDIENTES

500 g de harina 0000
50 g de manteca blanda
1 cucharadita de sal
4 dl de agua fría
2 cucharadas de vinagre
500 g de manteca bien fría

1• Pesar y medir en cantidades exactas todos los ingredientes. Tamizar la harina. Agregar 50 g de manteca a temperatura ambiente. Mezclar con la punta de los dedos. Si las manos no están bien frías, utilizar la amasadora.

2• Ir agregando la sal, el vinagre y el agua poquito a poquito. Hacer un bollo consistente (queda medio grumoso). No trabajarlo mucho; presionar para tener una masa firme.

3• Con un cornet (véase Glosario), cortar la masa para romper el gluten. Hacer un bollo, cubrir con un film transparente y llevar al frío.

4• Envolver la manteca refrigerada con un film transparente. Darle forma de un cuadrado de 1/2 cm de espesor con un palo de amasar.

5• Tomar la masa, hacerle un corte superficial en forma de cruz. Ir tomando las puntas de a una (dibujos 1 y 2) y estirar la masa hacia afuera, formando lengüetas; quedará formada una montañita en el centro (dibujo 3).

6• Estirar un poco las lengüetas con el palo de amasar; sobre la elevación del centro, colocar el cuadrado de manteca (dibujo 4); no olvidar retirar el film protector. Es preciso tener en cuenta que la masa y la manteca deben estar a la misma temperatura.

7• En la dirección de las agujas del reloj, ir cerrando las aletas sobre la manteca del centro (dibujos 5 y 6). Una vez que se cierra la masa (dibujo 7), estirar hasta formar un rectángulo y doblar en tres partes (dibujos 8 y 9). Llevar a la heladera para que se enfríe.

8• Volver a estirar el rectángulo y doblar nuevamente. Lo ideal es doblarlo nueve veces. No se tiene que romper la masa al costado, para que no se escurra la manteca.

9• Cada vez que la masa se ablande, se pone un poco al frío y luego se vuelve a estirar. Siempre se trabaja con el lado de la abertura hacia el que amasa.

CONSEJOS

▼ *El hojaldre está listo cuando, al hacer un corte en la masa, no se ve la manteca porque se ha integrado totalmente.*

▼ *Para utilizarla, cortar la masa con un golpe seco; no hacer movimiento de arrastre con el cuchillo.*

▼ *Para cocinarla, poner la masa recién sacada de la heladera en horno bien caliente.*

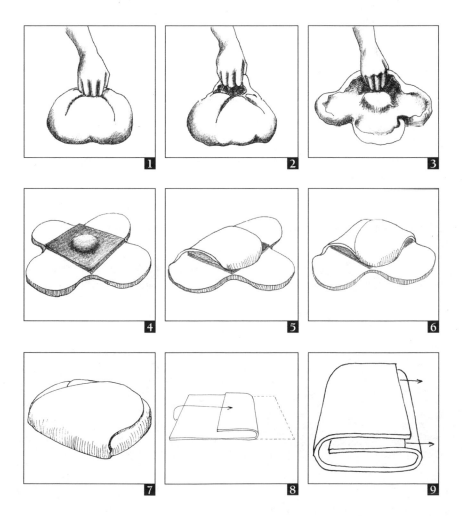

WAFFLES BIEN FÁCILES

(10 porciones)

INGREDIENTES

200 g de harina
1/2 cucharadita de sal
2 huevos
375 cc de leche
100 g de manteca derretida
3 cucharaditas de polvo de hornear

1• Procesar todos los ingredientes y por último incorporar la manteca derretida. Dejar descansar 20 minutos.
2• Conectar la *wafflera*. Si es con teflón, no hace falta enmantecarla.
3• Colocar la mezcla con un cucharón y esparcirla bien para cubrir las hendiduras.
4• El tiempo de cocción es de aproximadamente 10 minutos, depende de la *wafflera*.

NOTA

▼ *Se pueden rellenar con dulce de leche, con mermelada o con jamón y queso.*

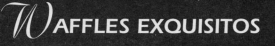WAFFLES EXQUISITOS

(10 porciones)

INGREDIENTES

250 g de harina
150 g de crema
2 yemas
2 huevos
250 cm³ de leche
150 g de manteca fundida
1 chorrito de agua
2 claras batidas a nieve

1• Batir la crema y la harina.
2• Incorporar a la mezcla las yemas, los huevos, y seguir batiendo.
3• Agregar un toque de agua, la leche, la manteca fundida y seguir batiendo.
4• Por último, en forma envolvente, incorporar a la mezcla las claras batidas a nieve.
5• Dejar descansar 15 minutos y utilizar.

CONSEJOS

▼ *Son excelentes rellenos con helado y con salsa de caramelo y nuez (pág. 258) o con lemon curd (pág. 239) y frambuesas.*
▼ *¡No dejen de hacerlos!*

CRÊPES

ÉSTA ES UNA RECETA MUY BUENA PARA HACER TODO TIPO DE CRÊPES, TANTO DULCES COMO SALADOS.

(20 porciones)

INGREDIENTES

2 tazas de leche
1 taza de harina
5 huevos
40 g de manteca

1• Poner todos los ingredientes en una licuadora y por último incorporar la manteca derretida. Dejar reposar media hora.

2• Enmantecar la panquequera.

3• Colocar sólo la cantidad necesaria para cubrir con una capa finita la superficie de la panquequera (lo que sobra en el cucharón regresarlo al bol de la preparación).

4• Cocinar bien de un solo lado.

5• Repetir este procedimiento hasta terminar con la preparación.

CONSEJOS

▼ *Enmantecar la sartén antes de cocinar cada uno.*
▼ *En lo posible, usar sartén de teflón.*
▼ *La medida de "taza" corresponde al tamaño para desayuno.*

Panes y Masas con Levadura

El pan es un alimento a base de harina amasada con agua y sal, fermentado, trabajado o moldeado de diferentes formas y cocido al horno.

La invención del pan levado se atribuye a los egipcios, que habrían descubierto de manera casual la fermentación. Otros pueblos de la antigüedad, como los hebreos, hacían un pan ácimo, sin levadura, mientras que los griegos lo preparaban con trigo candeal, centeno o avena.

Los romanos cocinaban el pan en hornos domésticos y lo aromatizaban con distintas hierbas; los galos, por su parte, utilizaban cerveza para amasar y obtenían un pan muy levado de una gran reputación.

A partir de la Edad Media el consumo de pan se generalizó. Ácimo o levado, rústico o refinado, hecho de trigo, arroz, maíz, centeno u otras harinas, hoy constituye un alimento difundido en todo el mundo, cuyas variaciones son casi ilimitadas.

BRIOCHES

(24 unidades o 2 panes grandes)

INGREDIENTES

FERMENTO
50 g de levadura
1 cucharada de azúcar
1 taza de leche tibia (sacada de los 500 cc totales)

MASA
1 kilo de harina
500 cc de leche tibia
6 huevos
300 g de manteca blanda
25 g de sal

1 • Colocar la levadura en un recipiente chico, cubrirla con el azúcar y con una taza de leche tibia. Dejar leudar en un lugar tibio.

2 • Colocar la harina tamizada en un bol junto con la sal. Aparte mezclar los huevos con la leche y luego incorporar a la harina la mezcla de huevos y la preparación de levadura y comenzar a amasar.

3 • Una vez que los ingredientes están unidos, incorporarle la manteca en forma de copos, despacio e ir amasando muy bien. Debemos lograr una masa que se desprenda de los dedos.

4 • Dejar reposar en un lugar tibio tapada con una bolsita de polietileno o cubierta con papel film dos horas.

2 • Para dar la forma hacer los bollos del tamaño algo menor que la mano, hundir profundamente el centro y colocar allí un bollito chico, a manera de sombrerito. Dejar reposar unos 15 minutos, pintar con yema y cocinar en horno precalentado, moderado a fuerte, más o menos 30 minutos.

CONSEJOS

▼ *Nunca hacerlo leudar cerca del fuego ya que es un pan con mucha manteca y ésta podría desprenderse.*

▼ *Conviene que esté bien cubierto al leudar; de lo contrario, se secaría.*

▼ *Para que quede más atractivo, pintarlo con yema y agua, y al colocarlo en el molde, lavarse previamente las manos con agua fría, ya que las manos muy calientes perjudican al pan y no lo dejan crecer lo suficiente.*

▼ *Que el horno no esté precalentado desde mucho tiempo antes, pues el brioche se arrebataría.*

FUGACITAS DE MANTECA

(2 docenas)

INGREDIENTES

FERMENTO
25 g de levadura
1 cucharadita de azúcar
2 cucharadas de leche

MASA
1/2 kg de harina
2 cucharadas de manteca derretida
350 cc de agua tibia
1 o 2 cucharaditas de sal

1 • Preparar el fermento, colocando en un bol la levadura, el azúcar y la leche, y dejar levar.
2 • En un bol poner la harina, la sal, incorporar el fermento, el agua, la manteca y amasar muy bien. Dejar leudar hasta que suplique su volumen.
3 • Estirar la masa hasta que tenga un centímetro de espesor, y cortar con cortapastas de alfajores. Colocarlas una al lado de la otra en placas enmantecadas, pincelarlas con agua.
4 • Cocinar en horno precalentado de moderado a fuerte hasta que se forme una costra. No dejar demasiado porque se secarían.

$\mathcal{B}$OLLOS DE QUESO

(1 docena)

INGREDIENTES

MASA
300 g de harina
20 g de levadura
1 huevo
1 cucharada de azúcar
60 g de manteca
1 cucharadita de sal
Leche tibia, cantidad necesaria

RELLENO
100 g de fontina rallado
100 g de queso mantecoso
1 yema
Crema, cantidad necesaria para unir

1• Preparar una masa con la harina, la levadura, el huevo, azúcar, manteca, sal y leche tibia. La masa tiene que ser muy bien trabajada y resultar elástica.

2• Una vez lista dejar levar muy bien. Estirarla y cortar discos medianos.

3• Poner en un bol el queso mantecoso cortado en cuadraditos y pasarlo por un poco de harina. Agregar el fontina rallado y la yema y tanta crema como sea necesario para unir.

4• Poner sobre cada medallón un poco de relleno, unir los bordes formando un pancito. Pintar la parte superior con huevo y espolvorear con queso rallado.

5• Acomodarlos en placas muy bien enmantecadas y dejar levar. Cocinarlos en horno moderado durante 30 minutos.

NOTA

▼ *Son muy ricos para servirlos tibios.*

TRENCITAS DE QUESO

(2 docenas)

INGREDIENTES

FERMENTO
25 g de levadura
1 cucharadita de azúcar
4 cucharadas de agua tibia

MASA
250 g de harina
125 g de manteca
1/2 cucharadita de sal
8 cucharadas de crema
1 taza de queso rallado fuerte tipo sardo

1 • Se prepara el fermento, colocando la levadura espolvoreada con el azúcar y cubierta con el agua tibia.

2 • En un bol colocar la harina, la sal, y en el centro la manteca, la crema, la mezcla de levadura y el queso rallado.

3 • Formar una masa y dejar descansar cubierta con un film durante 1 hora (no más).

4 • Luego hacer bollitos y estirarlos como choricitos y con cada uno ir formando las trencitas doblándolos a la mitad.

5 • Pintarlas con huevo batido o con yema mezclada con agua o leche. Espolvorearlas con semillas de amapola o sésamo.

6 • Cocinar en placas enmantecadas en horno precalentado bastante fuerte durante 15 minutos.

7 • No dejarlas mucho porque se secan. Al retirarlas dejarlas enfriar sobre una rejilla.

CONSEJOS

▼ *Son ideales para "picar" o para acompañar una comida.*

▼ *Es una masa que se pasa con facilidad. Cuidar el tiempo de leudado.*

▼ *No conviene hacer una sola trenza grande, es mejor trabajarla siempre en tamaño chico.*

CHIPÁS

(2 docenas)

INGREDIENTES

1/2 kilo de harina de mandioca
1/4 kg de queso tipo Mar del Plata
1/4 kg de queso mantecoso
1/4 kg de queso rallado
200 g de manteca
Sal, pimienta
4 huevos

1 • Poner en un bol la mandioca, en el centro el queso Mar del Plata y el queso mantecoso cortados ambos en daditos, el queso rallado, la manteca, los huevos, sal y pimienta a gusto.

2 • Mezclar todos los ingredientes, amasándolos hasta obtener un bollo compacto más bien duro.

3 • Tomar porciones de masa del tamaño que usted desee y amasar entre las palmas de las manos dándoles forma de bollo. Colocar en placas enmantecadas.

4 • Cocinar en horno bien caliente hasta que se hinchen. Servir calientes o tibios.

CONSEJOS

▼ *No cocinar durante demasiado tiempo, porque se secan enseguida.*

▼ *Cuando están cocidos en el punto justo, deben crujir.*

$\mathcal{P}$AN DE CAMPO

(2 panes grandes o 60 pancitos chicos)

INGREDIENTES

FERMENTO
50 g de levadura
1 cucharada de azúcar
Agua tibia

MASA
1 kilo de harina 0000
30 g de sal
Agua fría

1• Colocar en una compotera la levadura desmenuzada, espolvoreada con el azúcar y cubierta con agua tibia. Dejar fermentar.

2• Poner en un bol la harina, la sal, la levadura fermentada y agua fría en cantidad necesaria para que se forme una masa que se desprenda de la mesada y de los dedos. Luego amasar bastante y dejar leudar 1 hora aproximadamente.

3• Formar los pancitos estirando la masa en rectángulos y éstos en triángulos. Sujetar cada triángulo desde la base e ir enrollándolo desde el vértice como si hiciesen una medialuna. Colocarlos uno pegadito al otro y salpicarlos con agua o harina. Para los panes grandes desgasificar y formar 2 bollos redondos. Si se desea, hacerles cortes en la superficie.

4• Se cocinan en horno precalentado moderado hasta que se forme una buena corteza; no tomarán color.

CONSEJOS

▼ *Si no se desea una corteza tan dura, una vez que se sacan del horno hay que cubrirlos con un repasador húmedo. Se pueden rellenar con ají, cebolla rehogada, hierbas, panceta, etc.*

▼ *Al retirarlos del horno es conveniente enfriarlos sobre una rejilla.*

$\mathcal{P}$AN DE SALVADO

(1 pan grande o 2 docenas de pancitos)

INGREDIENTES

FERMENTO
25 g de levadura
1 cucharada de azúcar
Agua tibia, cantidad necesaria

MASA
3 tazas de harina
2 y 1/2 tazas de salvado
1 cucharadita de sal
2 cucharaditas de azúcar negra
2 cucharaditas de aceite neutro
Agua tibia, cantidad necesaria para unir la masa

1 • Preparar el fermento con la levadura y el azúcar; cubrir con agua tibia. Dejar 10 minutos para que espume. (Dicen que si están enamoradas el fermento espuma enseguida. ¡Quiero ver si están enamoradas!)

2 • En un bol colocar las harinas, la sal, el azúcar y el aceite. Una vez que fermentó la levadura, agregar el fermento y el agua tibia en cantidad necesaria para formar una masa que se desprenda de los dedos. Dejar leudar aproximadamente dos horas, hasta que duplique su volumen.

3 • Luego colocar en un molde de budín inglés enmantecado, o hacer bollos para pancitos. Pincelar con yema de huevo y agua antes de poner en el horno.

4 • La cocción es de 30 minutos aproximadamente para los pancitos y una hora para el pan grande. El horno debe estar precalentado moderado.

$\mathcal{P}$AN NEGRO

(2 panes grandes)

INGREDIENTES

1 kg de harina integral
50 g de levadura
25 g de sal
2 tazas de agua tibia no muy llenas
1 cucharadita de aceite o manteca
1 clara de huevo
1 cucharadita de agua
Semillas de amapola o sésamo

1• Colocar en un bol la harina, menos 3/4 de taza, la levadura y la sal. Mezclar y agregar el agua tibia y el aceite. Batir hasta lograr una masa blanda.

2• Con una cuchara de madera verter el resto de la harina (3/4 de taza), hasta lograr la masa blanda. Amasarla sobre una superficie enharinada.

3• Colocarla en un bol aceitado, trabajar la masa allí por 5 minutos o 10 minutos, y si es necesario agregar más harina. Luego cubrirla y llevarla a un sitio tibio hasta que doble su volumen.

4• Formar los dos panes, ponerlos en moldes enmantecados y dejar descansar durante 20 minutos. Precalentar el horno, pincelar los panes con una clara de huevo batida con agua y espolvorearlos con semillas de sésamo. El tiempo de cocción es de 30 minutos aproximadamente, en horno de temperatura moderada a fuerte.

PAN DE NUEZ

(1 pan muy grande o 2 medianos o 60 chicos)

INGREDIENTES

FERMENTO
50 g de levadura
1/2 taza de leche
1 cucharada de azúcar

MASA
4 tazas de harina
2 cucharaditas de sal
2 tazas de agua tibia
1 cucharadita de malta
2 cucharadas de manteca a temperatura ambiente
1 taza de salvado grueso
1 tazón de nueces rotas
1 huevo batido con 1 cucharada de leche

1• Colocar en un bol o en la amasadora la harina y el salvado. Aparte realizar el fermento, desmenuzando la levadura y cubriéndola con la cucharada de azúcar y la leche tibia.

2• Incorporar los demás ingredientes e ir trabajándolos. Por último colocar la levadura ya fermentada y amasar bastante, hasta que se forme un bollo que se desprenda del bol.

3• Dejar leudar 1 y 1/2 hora aproximadamente, cubierta, como siempre. Darle la forma y pincelarlo con huevo mezclado con leche.

4• Cocinar en horno precalentado moderado aproximadamente 1 hora.

CONSEJOS

▼ *Conviene incorporar las nueces con el amasado y no una vez después de leudado.*

▼ *No dejar leudar ni amasarlo en cacerolas de aluminio, porque muchas veces toma un color violáceo.*

PAN DE VIENA

(60 pancitos o 2 panes grandes)

INGREDIENTES

FERMENTO
60 g de levadura
1 cucharada de azúcar
1 taza de leche tibia

MASA
1 kilo de harina
25 g de sal
120 g de manteca blanda
4 huevos
Leche tibia

1• Colocar la harina en un bol con la sal y aparte poner la levadura a fermentar con el azúcar y la leche tibia.
2• Mezclar los huevos con una taza de leche tibia y la manteca, e incorporar esta mezcla a la harina. Luego agregar el fermento de levadura, amasar muy bien y dejar leudar 1 y 1/2 hora.
3• Dar forma a la masa, pincelar con huevo y cocinar en horno precalentado moderado, 25 minutos para pancitos y 40 minutos para panes grandes.

CONSEJOS

▼ *Estos panes quedan muy bien para sandwichitos, espolvoreados con semillas de amapola o sésamo.*
▼ *Puede dárseles forma para utilizarlos como pan de panchos. En ese caso ponerlos a cocinar en placas unos junto a otros.*

PAN DE HARINA DE MAÍZ

(1 pan)

INGREDIENTES

1 papa grande
Sal gruesa

FERMENTO
1 y 1/2 taza + 1 cucharada de harina
60 g de levadura
1 taza de agua tibia
Sal

MASA
4 tazas de harina
1 taza de harina de maíz
Sal
Agua tibia

1• Cocinar la papa con cáscara, y mientras aún esté caliente hacer con ella un puré.
2• Preparar el fermento y dejar leudar tapado, durante 1 hora aproximadamente.
3• En otro bol preparar los ingredientes secos y agregarles el fermento, la papa y agua tibia hasta lograr una masa fácilmente manejable; amasar muy bien y dejar leudar, tapado, durante 1 hora.
4• Dar forma de corona, colocarlo en un molde de savarín enmantecado; dejar leudar 20 minutos y cocinar en horno precalentado, moderado, durante 1 hora aproximadamente.

$\mathcal{P}$AN ÁRABE O PITTA

(1 docena)

INGREDIENTES

FERMENTO
15 g de levadura
1 cucharada de azúcar
1/2 taza de leche tibia

MASA
500 g de harina
15 g de sal
3 cucharadas de aceite de oliva
Leche tibia para unir, cantidad necesaria

1 • Preparar el fermento y dejar leudar 15 minutos.
2 • Aparte, en un bol, colocar la harina y la sal, hacer un huequito, colocar allí el fermento y el aceite de oliva.
3 • Formar una masa y amasar hasta que se desprenda de las paredes del bol. Dejar leudar una hora.
4 • Dividir en 12 bollitos y estirar cada uno en forma alargada.
5 • Cocinar en horno fuerte durante 15 minutos.

NOTAS

▼ *Deben quedar inflados.*
▼ *No conviene dejarlos mucho tiempo en el horno, para que no se sequen.*

PAN DE HIERBAS Y QUESO

(1 pan grande)

INGREDIENTES

FERMENTO
40 g de levadura
1/4 de taza de agua tibia
1 cucharada de azúcar

MASA
500 g de harina
60 g de manteca blanda
1 taza de agua tibia
sal a gusto
1 y 1/4 taza de perejil picado
1 cucharada de echalote picado
1/2 cucharada de orégano (opcional)
Pimienta y sal a gusto
1 huevo ligeramente batido
1 taza de queso parmesano o reggianito rallado

1• Preparar el fermento con la levadura, el agua tibia y el azúcar. Disolver la manteca en el agua tibia. Poner la harina, la sal en la procesadora y mezclar. Agregar la levadura y la mezcla de manteca.

2• Agregar 1/2 taza de perejil picado y formar un bollo. Dejar leudar la masa.

3• Rehogar el echalote en la manteca, agregar ahí el perejil que resta, el orégano, la sal y pimienta a gusto, retirar del fuego y enfriar.

4• Estirar la masa en forma de rectángulo, pintarla con la mezcla de huevo, cubrir con la mezcla de hierbas y espolvorear con el queso rallado. Enrollar formando un pan, dejar leudar, pintar con huevo y cocinar en horno precalentado, de moderado a fuerte, durante 40 minutos aproximadamente.

CONSEJOS

▼ *Se puede reemplazar el perejil por albahaca o apio.*

▼ *También se pueden hacer pancitos individuales (la receta rinde 2 docenas). En este caso, además de queso parmesano, ponerles un trocito de queso fresco a cada uno. Deben hornearse durante 20 minutos.*

▼ *Los quesos más duros son los más sabrosos.*

$\mathcal{P}$AN DE CEBOLLA

(1 pan grande)

INGREDIENTES

FERMENTO
25 g de levadura
1/2 taza de agua
2 cucharadas de azúcar

MASA
1 cucharadita de sal
2 tazas de harina
3 cucharadas de leche
1/4 de taza de manteca a temperatura ambiente
1 huevo chico

RELLENO
2 cucharadas de manteca
1/2 taza de cebolla bien picada
Queso parmesano
Semillas de amapola

1 • Preparar el fermento con la levadura, el azúcar y el agua tibia.
2 • Aparte, en un bol colocar la harina, sal y en el medio hacer un hoyito y colocar la leche, la manteca y el huevo.
3 • Formar una masa, amasar bien durante 15 minutos y dejar descansar.
4 • Aparte, rehogar la cebolla en manteca e incorporar a la masa. Dejar descansar una hora aproximadamente. Amasar, desgasificar y hacer una trenza; pintar con yema de huevo y agua.
5 • Pintar con huevo y espolvorear con queso parmesano y semillas de amapola.
6 • Cocinar en horno precalentado, de moderado a fuerte, durante 35 minutos.

VARIANTES

▼ *La cebolla puede reemplazarse por puerro.*
▼ *Se puede agregar queso rallado a la masa.*
▼ *En vez de un pan grande pueden hacerse varios panes pequeños. En ese caso, cocinarlos alrededor de 20 minutos.*

CORONA DI PANE

(1 corona)

INGREDIENTES

FERMENTO
30 g de levadura
200 cc de agua tibia
15 g de sal

MASA
500 g de harina
4 cucharadas de aceite de oliva

RELLENO
200 g de queso fontina
100 g de jamón crudo en fetas o 100 g de panceta
1 taza de queso parmesano rallado
Pimienta en grano
100 g de almendras o pistacho

1• Para preparar el pan, poner la levadura cubierta con el agua tibia y la sal, y dejarla unos 20 minutos.

2• Aparte, colocar en un bol la harina, hacerle con los dedos un hueco y dentro colocar la preparación de levadura y el aceite. Formar una masa uniendo todos los ingredientes y amasar 15 minutos hasta dejarla bien lisa. Dejar leudar una hora hasta que duplique su volumen y esté lista para utilizar.

3• Pelar y tostar las almendras. Extender la masa formando un disco de 1 cm de espesor. Cubrirla con el queso fontina rallado, las almendras y el jamón crudo o la panceta dorada. Espolvorear con pimienta.

4• Arrollar la masa formando un cilindro grueso y unir los extremos haciendo una corona. Colocarla en una placa enmantecada o aceitada. Pintarla con agua, hacerle varios cortes y espolvorearla con el parmesano.

5• Dejarlo leudar durante 15 minutos aproximadamente y cocinar en horno a 200º durante 40 minutos.

NOTA

▼ *Se puede rellenar también con ricota condimentada o cebolla rehogada o puerros.*

PANETTONE

(2 panes)

INGREDIENTES

FERMENTO
90 g de levadura fresca
1 cucharadita de azúcar
1/4 de taza de agua tibia

MASA
1 taza de pasas de uva
1/2 taza de nueces
2 cáscaras de naranjas
  glaceadas cortaditas
1/3 de taza de ron
3 huevos
3 yemas de huevo
3 cucharadas de azúcar

1 taza de leche tibia
5 tazas de harina 0000
1 y 1/2 cucharaditas de sal
1 cucharadita de ralladura de limón
90 g de manteca
1 cucharada de aceite mezcla
  o de maíz
1 huevo
Azúcar impalpable

1• Tener la manteca a temperatura ambiente. Combinar las pasas, las nueces, las cáscaras, el ron y dejar reposar 30 minutos.

2• Aparte, preparar el fermento con la levadura, el azúcar y el agua tibia en un bol pequeño. Dejar 5 minutos o hasta que esté espumosa.

3• Batir los huevos, las yemas y el azúcar hasta combinar todo.

4• Aparte, en un bol colocar harina, sal y agregar la manteca, la ralladura de limón y el aceite. Incorporar la mezcla de huevo, la leche tibia, la levadura y la fruta remojada en el ron. Trabajar la masa con una cuchara de madera durante 5 minutos.

5• Primero parece una torta, pero luego comienza a desprenderse de las paredes del bol. ¡Hay que amasar mucho!

6• Cubrir el bol con un film y colocar en un lugar tibio durante 45 minutos o más (tiene que duplicar su volumen). Retirar del bol, tirar sobre la mesada enharinada y amasar y amasar sin parar descargando todas las energías.

7• Dividir la masa en dos y colocar en los moldes de pan dulce o en los moldes de papel para un kilo.

8• Dejar en sitio tibio durante 30 minutos, hasta que doblen su volumen. Pintarlos con huevo batido y cocinar en horno fuerte durante 15 minutos y luego en moderado 1 hora. Van a crecer y crecer mucho.

9• Una vez fríos, espolvorearlos con azúcar impalpable.

$\mathcal{P}$AN DULCE

(3 panes dulces de 1 kilo aproximadamente)

INGREDIENTES

FERMENTO
100 g de levadura
2 cucharadas de azúcar
1 taza de leche tibia

MASA
Harina 0000 cernida,
   cantidad necesaria
400 g de azúcar
200 g de manteca
8 huevos
2 tazas de leche tibia
ralladura de 1 limón
2 cucharadas de coñac
2 cucharadas de extracto de malta

Unas gotitas de agua de azahar
750 g de frutas secas (nueces,
   almendras, castañas, piñones,
   pasas de uvas, cáscaras de naranja
   confitadas, etc.)

GLACÉ DE LIMÓN
Jugo de 2 limones
Azúcar impalpable,
   cantidad necesaria

1• Poner la levadura apenas desmenuzada en un bol, espolvoreada con el azúcar y cubierta con la leche tibia.

2• Batir la manteca con el azúcar hasta formar una crema, agregar la ralladura de limón, el agua de azahar, el extracto de malta, el coñac, los huevos uno a uno, la leche y la preparación de levadura.

3• Luego incorporar la harina necesaria para que se forme una masa que se desprenda de las paredes del bol o amasadora. Cubrir y dejar leudar con tiempo (véanse Consejos).

4• Incorporar a la masa la fruta seca pasada por harina.

5• Dividir la masa en tres y colocar en moldes de pan dulce. Hacerles un corte en cruz, leudar 1 hora. Luego pintar con huevo sin tocar los cortes.

6• Cocinar en horno precalentado moderado 50 minutos, más o menos. Una vez listos, sacarlos del horno y bañarlos con un glacé de limón y azúcar impalpable. Para preparar el glacé, agregar de a poco el azúcar impalpable al jugo de limón, hasta lograr una mezcla que forme un hilo continuo al levantar la cuchara.

CONSEJOS

▼ *Amasarlo muy bien.*

▼ *Dejarlo leudar mucho tiempo. Se pueden preparar a la noche, alrededor de las 23, y continuar a las 6 de la mañana para cocinarlos a las 7 hs.*

$\mathcal{P}$AN DULCE INTEGRAL

(2 panes)

INGREDIENTES

FERMENTO
50 g de levadura
1 cucharada de azúcar
Agua tibia

MASA
4 tazas de harina
1 taza de salvado
1 cucharadita de sal
1/2 taza de leche
2 cucharadas de manteca
Agua, cantidad necesaria
1 taza de nueces rotas
1 taza de pasas de uva
1 taza de cáscaras de naranja cortadas
1 taza de almendras
2 cucharadas de malta
3 cucharadas de miel
150 g de azúcar rubia
Ralladura de 1 limón

1 • Preparar el fermento con la levadura, el azúcar y agua tibia hasta cubrir.
2 • Aparte, en un bol colocar la harina, el salvado, la sal, el azúcar rubia, la ralladura de limón, la malta, la manteca, la leche y si es necesario, agua tibia. Agregar el fermento leudado, la miel y las frutas pasadas por harina.
3 • Amasar bien y formar 2 bollos; dejarlos leudar durante 2 horas o hasta que dupliquen su volumen.
4 • Luego colocarlos en moldes enmantecados y enharinados o moldes de pan dulce. Hacerles un tajo en forma de cruz.
5 • Pintar con yema y agua. Cocinar en horno precalentado moderado durante 50 minutos.
6 • Después de sacarlos del horno, pincelarlos con miel.

PAN ALEMÁN

(1 grande)

INGREDIENTES

FERMENTO
50 g de levadura
1 cucharada de azúcar
2 cucharadas de leche tibia

MASA
3/4 kg de harina
125 g de manteca
3 huevos
200 g de pasas de uva sin semillas
7 cucharadas de azúcar
1/2 litro de leche tibia

1 • Fermentar la levadura con el azúcar y la leche tibia. Aparte, colocar los ingredientes en el bol de la batidora.

2• Unir todo, amasar muy bien y dejar leudar en ambiente cálido.

3 • Disponer la masa en una budinera grande, enmantecada y enharinada, o cortar la masa en 3 partes, trenzarla y colocarla sobre una placa. Dejar descansar.

4• Cocinar en horno precalentado moderado durante 45 minutos aproximadamente.

NOTA

▼ *Este pan, semejante a la trenza judía que se come en las Pascuas, es muy fácil de realizar y resulta ideal para el desayuno. También es riquísimo sin azúcar y con sal.*

ROSCA DE PASCUA O REYES

(3 roscas medianas)

INGREDIENTES

FERMENTO
50 g de levadura
1 cucharada de azúcar
1 taza de leche tibia

MASA
1 taza de leche tibia
1 kilo de harina 0000, cernida
6 huevos
300 g de azúcar
Ralladura de 2 limones

300 g de manteca blanda

Crema pastelera para decorar
(una crema espesa hecha con
1 1/2 litro de leche)

1 • Colocar la levadura en un recipiente chico, cubrirla con el azúcar y la leche tibia, dejarlo leudar en un lugar tibio.

2 • Colocar en un bol la harina tamizada con el azúcar y la ralladura de limón. Aparte, mezclar los huevos con la leche y luego incorporar esta mezcla y la preparación de levadura a la harina; por último la manteca en forma de copos. Comenzar a amasar (queda como la masa de *brioche*).

3 • Dividir la masa en tres bollos y a cada bollo agujerearlo en el centro con el codo formando así la rosca. Colocarla en tarteras o pizzeras de 30 cm de diámetro. Una vez allí, ubicar en el medio de cada rosca una compotera enmantecada.

4 • Decorar con la crema pastelera con una manga de boquilla rizada y pincelar con huevo las partes que no tienen crema pastelera.

5 • Cocinarlas en horno moderado precalentado 30 minutos. No bien estén listas, retirarlas del horno; una vez frías, se espolvorean con azúcar impalpable o granulitos de azúcar.

CONSEJOS

▼ *La crema pastelera tiene que estar bien durita (véase página 56).*
▼ *Que la masa no quede muy floja, porque no aguantaría el peso de la pastelera, ni muy sostenida, ya que no quedaría tan suave.*
▼ *No pincelar con huevo la crema pastelera para evitar que se agriete en el horno.*
▼ *No pintar con huevo la rosca antes de colocarle la crema pastelera, porque ésta se resbalaría.*

ROSCA DE PASCUA ECONÓMICA

(12 porciones)

INGREDIENTES

FERMENTO
25 g de levadura
1 cucharada de azúcar
1 cucharada de harina
1 cucharada de agua tibia

MASA
70 g de manteca blanda
70 g de azúcar
1 huevo
1/2 cucharada de agua de azahar
Ralladura de 1/2 limón
350 g de harina
1 pizca de sal
125 cc de leche apenas tibia

1 • Disolver la levadura con el azúcar, revolviendo con cuchara de madera hasta que se convierta en líquido. Agregar la cucharada de harina y el agua. Dejar que espume.

2• Poner la harina en un bol, formar un hueco en el centro y colocar allí todos los ingredientes, también la espuma de levadura; mezclar con cuchara de madera.

3• Amasar hasta que quede suave y homogénea y dejar levar hasta que duplique su volumen. Bajar con golpes y dar forma de bola; hacer un agujero con los dedos y a partir de allí formar la rosca.

4• Dejar levar en el molde enmantecado; una vez que duplicó su tamaño, poner por arriba crema pastelera espesa y pintar con huevo. Cocinar en horno moderado durante 30 minutos.

CONSEJO

▼ *Se puede rellenar con la crema pastelera, para ello hacer un rectángulo con la masa, untarlo todo con la crema, enrollarlo y unir los bordes formando la rosca.*

TRENZAS CON STREUSEL

(2 trenzas)

INGREDIENTES

FERMENTO
50 g de levadura
1/2 taza de agua tibia
1 cucharada de azúcar

STREUSEL
2 cucharadas de manteca
2 cucharadas de azúcar
2 cucharadas de harina

MASA
2 tazas de leche
1/2 taza de manteca
4 huevos
1 y 1/4 taza de azúcar
1 cucharadita de sal
9 y 1/2 a 10 tazas de harina

GLACÉ
1/4 de taza de agua
2 cucharadas de azúcar
1 yema grande

1 • Calentar la leche, agregar la manteca y dejar que se enfríe. Aparte, preparar el fermento.

2 • Batir los huevos con el azúcar y la sal, incorporarlos en la mezcla de leche junto con el fermento y por último 5 tazas de harina; formar una masa agregando el resto de la harina a medida que se necesite. Dejar leudar durante una hora aproximadamente.

3 • Dividir la masa en 6 bollos y estirarlos en forma de cilindro. Armar las dos trenzas y dejar leudar durante 30 minutos en una placa enmantecada.

4 • Pintarlas con huevo batido y cocinarlas en horno precalentado moderado durante 50 minutos aproximadamente.

5 • Preparar el *streusel* mezclando todos los ingredientes con un tenedor o con los dedos.

6 • Finalizada la cocción de las trenzas (cuando estén bien cocidas pero blancas), colocarles el *streusel* por encima. Por último, preparar el glacé, mezclando todos ingredientes en un bol, y pintar con él las trenzas.

TRENZA CON NUECES

(1 trenza grande)

INGREDIENTES

FERMENTO
40 g de levadura
50 g de azúcar
125 cc de leche

MASA
500 g de harina
1 pizca de sal
2 huevos

RELLENO
50 g de nueces picadas finas
300 g de nueces picadas grandes
50 g de bizcochos dulces molidos
100 g de azúcar
125 cc de coñac

GLACÉ
100 g de azúcar impalpable
2 cm³ de agua

1• Disolver la levadura y el azúcar en la leche tibia; dejar levar. Agregar los huevos y formar una masa incorporando el resto de los ingredientes. Dejar leudar 1/2 hora.

2• Mezclar todos los ingredientes del relleno, estirar la masa en forma de rectángulo (25 x 35 cm). Extender el relleno sobre la masa, enrollar y apoyar sobre una placa enmantecada. Cortar la superficie en forma de zigzag con la tijera.

3• Dejar levar durante 1 hora, después cocinar durante 45 minutos a 180°.

4• Mezclar el azúcar impalpable y el agua y volcar sobre el rollo.

CONSEJOS

▼ *Si lo desea, puede darle forma de corona.*
▼ *También puede utilizarse glacé de limón para bañarlo; en ese caso reemplazar el agua por jugo de limón.*

*B*ERLINESAS EXQUISITAS

(2 docenas)

INGREDIENTES

FERMENTO
30 g de levadura
agua tibia
1 cucharada de azúcar

MASA
60 g de manteca
1 y 1/4 taza de leche
2 huevos
4 tazas de harina común
1 cucharadita de ralladura de limón
1/3 de taza de azúcar

1 • Preparar un fermento con la levadura, el azúcar y agua hasta cubrir.

2 • Aparte colocar en un bol la harina y con los dedos hacer un hoyito, dentro de él colocar la manteca, la leche, los huevos, la ralladura y el azúcar.

3 • Luego incorporar la levadura y formar una masa que se desprenda de las paredes del bol. Dejar leudar en un lugar tibio, tapado con un film.

4 • Cuando esté listo, estirar sobre la mesada enharinada y cortar círculos de 10 cm de diámetro con un cortapastas.

5 • Colocar dentro dulce de leche, dulce de membrillo, pastelera o algún dulce, pero bien durito; humedecer los bordes, cerrar bien hacia arriba y apretar para evitar que se escurra el dulce durante la cocción. Dejar reposar unos minutos.

6 • Freír cuidando la temperatura del aceite; cuando éste está en su punto justo has berlinesas se van dando vuelta solas y la cocción y el color resultan parejos. Colocar sobre un papel absorbente y pasar por azúcar y, si se desea, también por canela.

CONSEJO

▼ *Cuidar que el aceite no esté muy caliente, pues se arrebatarían y quedarían crudas por dentro.*

OLIOBOLLEN

(2 docenas)

INGREDIENTES

FERMENTO

2 cucharadas de azúcar
50 g de levadura fresca
1/4 de taza de agua tibia

MASA

3/4 de taza de leche
2 cucharadas de manteca (30 g)
4 cucharadas de azúcar
2 huevos medianos

1/4 de cucharadita de sal
3 y 1/2 a 4 tazas de harina

1 manzana cocida
2 cucharadas de pasas de uva
2 cucharadas de azúcar
Canela a gusto
2 y 1/2 tazas de aceite vegetal

1• En una sartén calentar la leche hasta que empiece a burbujear en los bordes. Agregar la manteca y dejar enfriar.

2• En un bol colocar la levadura y espolvorearla con azúcar y cubrirla con el agua; dejar leudar. Agregar el azúcar, los huevos y la canela.

3• Agregar 3 tazas de harina con una cuchara de madera y combinar bien hasta formar una masa. Desgasificar, tirar sobre la mesada y si es necesario agregar más harina.

4• Enmantecar un bol y dejar que la masa leude allí. Cubrir con un film hasta que la masa se duplique su volumen (durante 45 minutos más o menos).

5• Mientras tanto, cocinar la manzana y combinar con las pasas y las 2 cucharadas de azúcar. Estirar la masa, dividirla en 24 porciones y con la mano estirar cada una y rellenarla con la mezcla de manzanas. Unir los bordes de la masa formando una bola.

6• Dejarlos descansar cubiertos con una toalla durante 45 minutos más.

7• Calentar el aceite en la sartén o cacerola, freírlos despacio y darlos vuelta de un lado y del otro. Una vez que se retiran, escurrirlos en papel absorbente y pasarlos, calientes, por azúcar.

NOTA

▼ *Los primeros colonizadores alemanes lo comían en Año Nuevo.*
▼ *Son riquísimos servidos enseguida de cocinarlos.*

STOLLEN

(2 Stollen)

INGREDIENTES

FERMENTO

80 g de levadura   1/2 taza de leche tibia
1 cucharada de azúcar

MASA

1 kg de harina   200 g de pasa de uva
100 g de azúcar   125 cc de ron
1 pizca de sal   200 g de almendras
2 huevos   100 g de cáscaras de naranja
375 cc de leche   confitadas
500 g de manteca   100 g de manteca para pintar
1/2 cucharada de canela   100 g de azúcar impalpable
1/2 cucharada de cardamomo   para espolvorear

1• Preparar el fermento espolvoreando la levadura con el azúcar y cubriéndolas con la leche tibia. Dejar descansar.

2• Poner la harina, el azúcar y la sal en un bol. Incorporar la leche, los huevos y el fermento. Luego comenzar a amasar e ir agregando la manteca en forma de copos.

3• Seguir amasando y agregar la canela y el cardamomo.

4• Hidratar las pasas en el ron.

5• Extender la masa de 2 cm de espesor e incorporar todas las frutas previamente pasadas por harina; amasar, hacer un bollo, dividirlo en 2 partes iguales y dejar leudar durante 20 minutos.

6• Extender cada bollo en forma de rectángulo, aplanar el centro de cada uno dejando los bordes altos. Superponer un extremo sobre el otro y dejar levar.

7• Colocar en placas enmantecadas y dejar leudar durante 3 horas.

8• Cocinar en horno precalentado a 180° C durante aproximadamente 75 minutos.

9• Pintar los *stollen* en caliente con la manteca derretida y cubrir con una capa gorda de azúcar impalpable.

NOTA

▼ *Se conservan durante 10 días bien envueltos en papel de aluminio y a temperatura ambiente.*

Bizcochuelos, Arrollados, Piononos y Budines

La palabra que mejor los define es "esponjosos".
Todos requieren un cuidadoso batido y que se sigan
atentamente las instrucciones para su cocción.
Pero el punto más delicado de estas preparaciones
es la incorporación de la harina.
Los bizcochuelos, arrollados y piononos son más livianos,
se prestan a todo tipo de rellenos y combinaciones.
Los budines, en cambio, imponen su presencia por sí solos.
Tienen más cuerpo porque incluyen manteca en su
composición y también puede agregárseles frutas o
cubrirlos con glacé.
Excelentes para acompañar la mesa del té.

BIZCOCHUELO

No son tan fáciles de hacer como parece; tienen sus secretos. Un bizcochuelo debe ser liviano, aireado y esponjoso.

RECETA BÁSICA

INGREDIENTES

10 huevos
400 g de azúcar
400 g de harina 0000

1• Colocar los huevos y el azúcar en un bol y batir a punto letra (se obtiene cuando, al levantar el batidor, se puede escribir con la preparación sin que ésta pierda la forma).

2• Incorporar la harina. Éste es el punto clave; se debe hacer poco a poco, sin apurarse, sin dejar ningún grumito y manteniendo, a la vez, el batido aireado y espumoso. Conviene utilizar batidor de alambre.

3• Colocar la preparación en un molde de 30 cm de diámetro, con su base forrada con un disco de papel manteca, enmantecado y enharinado.

4• El horno debe estar precalentado, moderado, ni muy suave (porque se secaría) ni muy caliente (porque se arrebataría). El tiempo de cocción es de 30 minutos aproximadamente.

5• No hay que pincharlo; simplemente tocándolo con las yemas de los dedos verificaremos si está cocido. Si se hunden, no está; cuando el bizcochuelo ofrece resistencia, ya está listo. En este punto también comienza a separarse de los bordes del molde. Dejarlo enfriar en el molde.

VARIANTES

▼ *A los bizcochuelos se les puede dar sabor a limón, naranja, vainilla, almendras, chocolate, etc.*

▼ *Para hacerlo de chocolate, reemplazar 2 cucharadas de harina por 2 de cacao semiamargo (no el preparado comercial para leche chocolatada).*

$\mathcal{P}$IONONO O ARROLLADO

$\mathcal{L}$A DIFERENCIA ENTRE ELLOS ES EL GROSOR: EL PIONONO ES MÁS FINITO. SON DELICIOSOS CON RELLENOS DULCES, SALADOS O AGRIDULCES. TAMBIÉN SE LOS UTILIZA COMO SOPORTE DE TORTAS, POSTRES O MASITAS.
PARA UN PIONONO MEDIANO SE NECESITA:

INGREDIENTES

3 huevos
30 g de azúcar
30 g de harina

1• Colocar los huevos y el azúcar en un bol y batir a punto letra (se obtiene cuando, al levantar el batidor, se puede escribir con la preparación sin que ésta pierda la forma).

2• Incorporar la harina. Éste es el punto clave; se debe hacer poco a poco, sin apurarse, sin dejar ningún grumito y manteniendo, a la vez, el batido aireado y espumoso. Conviene utilizar batidor de alambre.

3• Colocar la preparación en una placa de horno enmantecada y cubierta con papel manteca enmantecado y enharinado.

4• Cocinar en horno precalentado, de moderado a fuerte, en la parte más alta del horno, para que se dore y no se seque. Una vez que se doró está listo; retirarlo enseguida.

5• Retirarlo sin desprenderlo del papel y envolver el rollo en un repasador húmedo. Despegarlo del papel justo antes de usarlo.

NOTA

▼ *De acuerdo con el tamaño de la placa, varía la cantidad de preparación, pero siempre debe mantenerse la proporción de 10 g de harina y 10 g de azúcar por cada huevo utilizado.*

GATEAU PRIMAVERA

(8 porciones)

INGREDIENTES

1 bizcochuelo de 6 huevos

SABAYÓN
6 yemas
6 cucharadas de azúcar
1/2 copa de oporto o marsala
1/2 kilo de frutillas

DULCE DE FRUTILLAS
1/2 kg de frutillas
450 g de azúcar

MERENGUE ITALIANO
250 g de azúcar
125 cc de claras
1/2 taza de agua

1• Poner todos los ingredientes del sabayón en un bol y batir constantemente a baño de María hasta que espese y esté bien espumoso. Dejar enfriar y agregarle 1/2 kg de frutillas secas y bien duritas.

2• Para preparar el dulce colocar en una cacerola las frutillas y el azúcar, y dejar un rato, hasta que las frutillas suelten su jugo. Luego llevar a fuego fuerte hasta que tome punto.

3• Preparar el merengue italiano según las indicaciones de página 42.

4• Cortar la tapa del bizcochuelo, vaciar el interior, desmenuzarlo y mezclarlo junto con el sabayón y las frutillas. Rellenar el bizcochuelo. Tapar.

5• Cubrir con merengue italiano y decorar con el dulce de frutillas.

VARIANTE

▼ *Hacer el doble de la receta de sabayón e incorporar, en vez de las frutillas, 200cc de crema, mezclar todo en frío muy suavemente y llevar al freezer una hora. En este caso al rellenar la torta no hace falta incorporar la miga del bizcochuelo, ya que quedará muy consistente. ¡Esta torta es paquetísima!*

$\mathcal{B}$AY BISCUITS

(2 docenas)

INGREDIENTES

6 huevos
200 g de azúcar
200 g de harina
1 cucharada de esencia de vainilla
1 pocillito de aceite neutro

1 • Batir los huevos con el azúcar y la vainilla a punto letra (véase página 18). En forma envolvente incorporar la harina y por último el aceite.

2 • Colocar la preparación en una placa rectangular y cocinar en horno moderado durante 20 minutos aproximadamente.

3 • Una vez fría cortar, dorarlos por todos los costados, en el horno, a temperatura baja.

CONSEJOS

▼ *Se pueden hacer con un bizcochuelo que no salió muy bien o que no se utilizó.*
▼ *Se deben guardar en latas herméticas.*

CHARLOTTE

(12 porciones)

INGREDIENTES

1 bizcochuelo de 10 huevos (véase página 122)

CREMA
2 litros de leche
20 cucharadas de azúcar
8 cucharadas de fécula
6 yemas
Esencia de vainilla y coñac

1 • Para preparar la crema llevar al fuego las yemas con el azúcar, la fécula y la leche hasta que hierva. Fuera del fuego, agregar la vainilla y 2 tapitas de coñac.

2 • Aparte, acaramelar el molde en donde se hizo el bizcochuelo, dividir éste en tres partes y colocar la parte de abajo sobre la crema, es decir, primero colocar la crema caliente (en el fondo) y encima, la primera capa del bizcochuelo.

3 • Rociar con el almíbar con coñac, cubrir bien con crema; luego colocar otra capa de bizcochuelo, y repetir hasta terminar con la crema.

4 • Lleva a la heladera y desmoldar al día siguiente.

CONSEJOS

▼ *El almíbar se hace en una proporción de una taza de azúcar por una taza de agua, y una vez disuelto el azúcar, se le incorpora el coñac y se retira del fuego para que no se evapore.*

▼ *Presionar bastante las capas de bizcochuelo, para que la crema se extienda hasta los costados.*

ARROLLADO CON NUECES

(8 porciones)

INGREDIENTES

80 g de harina
80 g de azúcar
70 g de nueces procesadas
2 huevos

RELLENO
250 g de crema pastelera

240 g de azúcar
120 g de claras (4 claras)
70 g de agua
1 chorrito de caramelo
Amaretto (licor)

1 • Batir los huevos con el azúcar a punto letra (véase página 18) e incorporar la harina y las nueces en forma envolvente muy suavemente.

2 • Colocar la preparación en una placa de 20 x 30 cm, enmantecada y forrada con papel manteca enmantecado y enharinado.

3 • Cocinar en el horno precalentado, de moderado a fuerte, durante 15 minutos y, una vez listo, envolverlo en un repasador húmedo hasta el momento de utilizar.

4 • Humedecerlo con el licor y rellenarlo con la crema pastelera.

5 • Por último, hacer un merengue italiano con el azúcar y las claras, como se indica en la página 42.

6 • Cubrirlo formando picos y gratinar con soplete.

NOTA

▼ *Las nueces pueden reemplazarse por almendras.*

MADELEINES

(1 docena)

INGREDIENTES

150 g de azúcar
125 g de harina
1 cucharadita de polvo de hornear
125 g de manteca
3 huevos enteros
60 g de almendras molidas *(peladas, oreadas y procesadas)*
Azúcar impalpable

1 • Poner dentro del bol los huevos enteros y mezclar con el azúcar hasta punto blanco.

2• Agregar la manteca derretida y sin espuma. Por último incorporar las almendras y luego la harina tamizada tres veces y el polvo de hornear.

3• Volcar dentro de los moldecitos de *madeleines* enmantecados; llenar hasta las 3/4 partes, porque levan. Cocinar en horno suave durante 30 minutos.

4• Desmoldar y dejar enfriar; luego espolvorear con azúcar impalpable. También se pueden pasar por chocolate.

CONSEJO

▼ *Para conservarlas de un día para el otro, hay que cubrirlas muy bien, porque si no se secan.*

MAGDALENAS MAGGIE

DEDICO ESTAS MASITAS, QUE TIENEN MI NOMBRE, A MI QUERIDA TÍA Y MADRINA MARU, A LA QUE QUIERO CON TODA MI CORAZÓN.

(12 magdalenas)

INGREDIENTES

150 g de harina
150 de azúcar
125 g de manteca
4 huevos
Ralladura de limón

1 • Poner los huevos en un bol y agregar el azúcar. Batir hasta que tomen punto letra (véase página 18).

2 • Tamizar la harina e incorporarla a la preparación anterior, agregar la ralladura de limón y por último la manteca derretida, tibia o a temperatura ambiente.

3 • Disponer la preparación en los moldes para magdalenas (de 7 a 8 cm), enmantecados y enharinados, o en moldes de papel. Llenarlos sólo hasta las 2/3 partes de su capacidad.

4 • Cocinar en horno fuerte durante 15 minutos.

5 • Desmoldar y dejar enfriar sobre una rejilla.

CONSEJO

▼ Rallar la cáscara de limón sin llegar a la parte blanca, porque es amarga.

$\mathcal{M}$AGDALENAS CON CHOCOLATE

(2 docenas)

INGREDIENTES

4 huevos
1 taza de azúcar
1/3 de taza de cacao amargo
1 cucharadita de polvo de hornear
1 taza de harina
2 cucharadas de manteca derretida
1/2 taza de pepitas de chocolate o de chocolate en trocitos

1 • Batir a blanco los huevos con el azúcar. Tamizar el cacao, la harina y el polvo de hornear.

2 • Incorporar la manteca derretida y, por último, despacio, se colocan en moldes de magdalenas o de mantecados, enmantecados y enharinados, dejando un espacio de 1/2 cm desde el relleno al borde de los moldes.

3 • Se cocinan en horno precalentado moderado durante aproximadamente 25 minutos.

4 • Aparte, derretir las pepitas o trocitos de chocolate, y sumergir la punta de cada magdalena en el chocolate. Dejar que el chocolate solidifique antes de servir.

NOTA

▼ *La medida de "taza" utilizada corresponde a la taza "americana" (se consiguen en cualquier bazar).*

VAINILLAS

(2 docenas)

INGREDIENTES

3 huevos grandes o 4 chicos
100 g de azúcar
130 g de harina
1 cucharadita de polvo de hornear
Esencia de vainilla

1 • Batir los huevos con el azúcar hasta punto letra (véase página 18). Agregar la esencia de vainilla y la harina tamizada con el polvo de hornear, uniendo suavemente con cuchara de madera para no bajar el batido.

2 • Colocar la preparación en manga con boquilla lisa y hacer las vainillas en un molde apropiado, previamente enmantecado y enharinado.

3 • Espolvorear con azúcar impalpable y cocinar en horno a temperatura moderada, durante aproximadamente 10 minutos, hasta que estén cocidas y apenas doradas.

4 • Apagar el horno y dejar dentro las vainillas para que se sequen bien.

CONSEJO

▼ *Lo ideal es guardarlas en latas o frascos herméticos.*

TIRAMISÚ

(12 porciones)

INGREDIENTES

15 vainillas aproximadamente
Licor de café Tía María
200 g de azúcar
400 g de queso blanco tipo Philadelphia, ablandado
1/2 litro de crema semibatida
7 yemas
1/2 taza de café molido fino

1 • Batir a punto cinta (véase página 18) las yemas con el azúcar; luego incorporar el queso y por último la crema semibatida.

2 • Forrar un molde rectangular u ovalado con las vainillas humedecidas con el licor y luego colocar encima el batido. Espolvorear con el café molido.

3 • Poner en la heladera alrededor de tres horas antes de consumir.

CONSEJO

▼ *Puede decorarse con rulos de chocolate (pág. 21).*

ZUCCOTO

(10 porciones)

INGREDIENTES

1 bizcochuelo de 10 huevos (véase página 122) o 20 vainillas
4 cucharadas de brandy
4 cucharadas de Amaretto
120 g de almendras blanqueadas y tostadas
120 g de avellanas blanqueadas y tostadas
180 g de chocolate semiamargo
600 ml de crema
1/2 taza de azúcar impalpable

1• Cortar el bizcochuelo en rebanadas, o utilizar las vainillas, y a su vez cortar cada tira o vainilla en diagonal, para acomodarlas en el molde.

2• Combinar brandy y Amaretto.

3• Acomodar las tiras de bizcochuelo, o las vainillas, en un molde redondo, cubriendo el fondo y los costados. Humedecerlas con los licores. Reservar algunas para cubrirlo.

4• Procesar apenas las avellanas y las almendras.

5• Cortar en trocitos 60 g del chocolate y el resto derretirlo a baño de María.

6• Batir la crema junto con el azúcar impalpable hasta punto chantillí.

7• Incorporar a la crema las almendras y avellanas.

8• Dividir la crema en dos; a una parte colocarle el chocolate en trocitos y a la otra el chocolate derretido.

9• Con la crema con trocitos de chocolate, con una espátula, forrar todo el molde cubriendo las vainillas y dejando una cavidad en el centro del bol.

10• Llenar la cavidad con la crema de chocolate.

11• Cubrir con el resto de las vainillas y guardar en el freezer.

12• Desmoldar con cuidado y espolvorear con cacao y azúcar impalpable.

CONSEJOS

▼ Cubrirlo con un papel film al guardar en el freezer, para que no se cristalice.

▼ Queda muy bien con una ganache de chocolate (pág. 259), crema inglesa (pág. 62) o salsa de caramelo (pág. 258).

GATEAU DE SAVOIE

(6 porciones)

INGREDIENTES

25 g de harina
25 g de fécula
150 g de azúcar impalpable
5 claras
1 cucharadita de esencia de vainilla
Azúcar impalpable

1 • Tamizar la harina, la fécula y 25 g de azúcar impalpable.
2 • Batir las claras a nieve; luego incorporar el resto del azúcar de a cucharadas hasta que las claras resulten bien firmes.
3 • Incorporar delicadamente esta mezcla y la esencia de vainilla a los ingredientes tamizados.
4 • Cocinar en un molde de *kouglof* (redondo, similar a una flanera) de 20 cm.
5 • Alisar la superficie y cocinar durante 35 o 40 minutos en horno precalentado a 180° C.
6 • Dar vuelta y dejar que se desmolde solo. Colocar en una fuente y espolvorear con azúcar impalpable.

NOTAS

▼ *Es muy económico y muy suave, ideal para un té.*
▼ *Es similar a la Angel Cake.*

$\mathcal{B}$UDÍN DE COCO

(2 budines chicos)

INGREDIENTES

250 g de manteca
250 g de azúcar
4 huevos
350 g de harina
4 cucharaditas de polvo de hornear
8 cucharadas soperas de coco
4 cucharadas soperas de leche

1 • Trabajar la manteca y el azúcar hasta que se forme una crema.
2• Agregar los huevos de a uno, batiendo bien después de cada uno.
3• Agregar la harina cernida con el polvo de hornear, 6 cucharadas soperas de coco y la leche, siempre en forma envolvente.
4• Colocar en 2 moldes para 500 g, enmantecados y espolvoreados con el resto del coco.
5• Cocinar en horno a 180° C durante 1 hora o 1 hora y 15 minutos.
6• Desmoldar sobre una rejilla y dejar enfriar.

NOTA

▼ *Es muy rico, porque el coco le da mucha humedad a la masa.*

ℬUDÍN DE LIMÓN

(8 porciones)

INGREDIENTES

200 g de manteca
200 g de azúcar
4 huevos
Jugo y ralladura de 1 limón
300 g de harina
3 cucharaditas de polvo de hornear

1• Batir la manteca con el azúcar hasta que se forme una preparación cremosa.

2• Incorporar el jugo de limón y la ralladura de limón y seguir batiendo.

3• Agregar los huevos uno a uno.

4• Por último, mezclando en forma envolvente con el batidor de alambre, agregar la harina cernida con el polvo de hornear.

5• Colocar en una budinera mediana en horno precalentado moderado durante 30 minutos aproximadamente.

6• Desmoldar y espolvorear con azúcar impalpable o bañar con glacé preparado con jugo de limón y azúcar impalpable.

BUDÍN DE CHOCOLATE Y DULCE DE LECHE

(1 budín grande)

INGREDIENTES

200 g de manteca
200 g de dulce de leche
200 g de cacao dulce
4 huevos
1 cucharadita de esencia de vainilla
300 g de harina
2 cucharaditas colmadas de polvo de hornear

1• Batir la manteca con el dulce de leche hasta formar una crema. Agregar el cacao dulce, los huevos de a uno y la esencia de vainilla.
2• Por último incorporar con mucho cuidado la harina tamizada con el polvo de hornear.
3• Colocar en una budinera grande enmantecada y enharinada.
4• Cocinar en horno precalentado moderado de 30 a 40 minutos o hasta que, al pincharlo con una pajita, ésta salga seca.
5• Desmoldar enseguida de sacarlo del horno.

ＢUDÍN INGLÉS

(8 porciones)

INGREDIENTES

200 g de manteca
200 g de azúcar
4 huevos
300 g de harina
2 cucharaditas de polvo de hornear
1 cucharadita de esencia de vainilla
1 cucharada de coñac
1/2 taza de cáscaras de naranja
1 taza de nueces picadas
1/2 taza de pasas de uva sin semillas

1 • Batir la manteca con el azúcar hasta que esté cremosa y agregar los huevos uno a uno batiendo bien después de añadir cada huevo.

2 • Tamizar juntos la harina y el polvo de hornear e ir agregando a la preparación anterior, batiendo suavemente. Añadir la esencia, el coñac y la fruta pasada por harina.

3 • Mezclar bien todo y volcar en un molde alargado (10 x 25 cm), enmantecado y enharinado. Cocinar en horno de temperatura baja durante 1 hora y 15 minutos.

CONSEJO

▼ *¡OJO! No olvidar nunca pasar las frutas por harina, ya que de lo contrario decantan.*

$\mathcal{B}$UDÍN DE NUECES

(6 porciones)

INGREDIENTES

100 g de manteca
150 g de azúcar
2 huevos batidos
1 pizca de sal
Ralladura de una naranja
200 g de harina
3 cucharaditas de polvo de hornear
5 cucharadas de crema de leche
100 g de nueces molidas

CUBIERTA
50 g de nueces molidas
4 cucharadas de azúcar

1• Batir la manteca con el azúcar hasta que esté bien cremosa. Añadir los huevos batidos, la sal, la ralladura, y mezclar bien.
2• Agregar con cuidado y lentamente la harina tamizada con el polvo de hornear, la crema y las nueces pasadas previamente por harina. Mezclar bien.
3• Poner la preparación en un molde mediano enmantecado, espolvoreado con pan rallado o bizcochos dulces molidos.
4• Espolvorear la preparación con las nueces y azúcar de la cubierta. Cocinar en horno moderado unos 45 minutos.
5• Desmoldar unos minutos después de retirarlo del horno.

CONSEJO

▼ *No golpear la puerta del horno, ni abrirla con frecuencia para ver si está listo.*

TORTA TIPO GALESA

(10 porciones)

INGREDIENTES

200 g de azúcar negra
50 g de azúcar blanca
180 g de manteca blanda
4 huevos
2 cucharadas de ralladura de naranja
320 g de harina
3 cucharaditas de polvo de hornear
1/2 vaso de vino blanco seco u oporto
100 g de ciruelas negras picadas
100 g de pasas de uva
50 g de nueces picadas

BAÑO
300 g de azúcar impalpable
Jugo de limón, cantidad necesaria.

1 • Mezclar el azúcar negra con la blanca. Agregar la manteca formando una pasta y luego, de a uno, los huevos. A continuación, incorporar la ralladura, la harina y el polvo de hornear tamizado, alternando con el vino.

2 • Por último agregar las frutas secas pasadas por harina y poner la preparación en un molde *savarin* de 26 cm, enmantecado y enharinado.

3 • Llevar a horno moderado durante 45 minutos. Desmoldar cuando esté tibia.

4 • Preparar el baño y glacearla.

CONSEJOS

▼ *Se puede conservar envuelta por largo tiempo; para ello, tiene que estar cerrada al vacío.*

▼ *Queda muy bien flambeada con brandy o calvados.*

▼ *Es ideal para regalar en Navidad.*

Tortas y Tartas

Así comenzó la historia de mi cocina: haciendo tortas,
tartas y pasteles, jugando a combinar sabores, texturas,
masas, rellenos y cubiertas.

Es importante poner suma atención en las
preparaciones, para lograr un excelente resultado
en sabor y apariencia, para hacer que cada torta tenga
su personalidad que la distinga de otras, de modo que
de sólo verla se nos haga agua la boca.

Pero también hay que animarse a imaginar, a crear,
a combinar los conocimientos adquiridos.

Es increíble cómo, a través de una torta, se puede
expresar lo que uno siente.

TORTA LINZER

(12 porciones)

INGREDIENTES

MASA
300 g de harina
270 g de azúcar
200 g de almendras procesadas
30 g de cacao
1 pizca de canela
1 pizca de clavo de olor
250 g de manteca
200 g de chocolate rallado
2 yemas

RELLENO
1 frasco (de 400 a 500 g) de mermelada de frambuesas

1 • Para hacer la masa, colocar en un bol la harina, el azúcar, las almendras, el cacao, la canela y el clavo de olor. Luego incorporar el chocolate rallado, la manteca y las yemas.

2 • Con la punta de los dedos hacer una masa y dejarla reposar 1/2 hora en la heladera.

3 • Estirar las 3/4 partes en un molde de 30 cm de diámetro y cubrirla con la mermelada.

4 • Estirar el resto de la masa, cortar tiras de 10 cm de largo y 1/2 cm de ancho.

5 • Colocar las tiras sobre la mermelada, formando un enrejado como en una pastafrola.

6 • Cocinar en horno precalentado, moderado, durante 40 minutos aproximadamente. Dejarla enfriar y servir.

CONSEJOS

▼ *En lo posible, conseguir una espátula larga con filo para cortar las tiras de masa para el enrejado.*

▼ *Elegir una mermelada que no sea muy chirle; es mejor que tenga cuerpo.*

▼ *Siempre dejar enfriar en la heladera la masa para cortar las tiras.*

TORTA ALEMANA DE CIRUELAS

(20 porciones)

INGREDIENTES

MASA
15 cc de leche
20 g de levadura
250 g de harina tamizada
2 huevos
100 g de azúcar
Sal, una pizca

CUBIERTA
5 cucharadas de azúcar rubia
1 y 1/2 kg de ciruelas
40 g manteca
Azúcar impalpable
2 cucharaditas de canela

1• Entibiar la leche y agregar la levadura; agregar 4 cucharadas de harina, mezclar y dejar levar 20 minutos. Colocar el resto de la harina en forma de corona. Agregar los huevos en el centro, con una pizca de sal y el azúcar.

2• Mezclar con la punta de los dedos e ir agregando la levadura hasta obtener una masa homogénea.

3• Hacer un bollo y dejar leudar durante tres horas en un lugar templado.

4• Lavar las ciruelas, quitarles el carozo y cortarlas en gajos. Calentar el horno, enmantecar y enharinar una asadera.

5• Estirar la masa, ponerla sobre la placa y espolvorearla con bizcochos molidos.

6• Acomodar los gajos de ciruelas uno al lado del otro, bien juntos, hundirlos en la masa. Espolvorear con azúcar rubia, canela y pequeños trocitos de manteca.

7• Cocinar durante 45 minutos en horno moderado a fuerte.

8• Al retirarla del horno espolvorear con azúcar impalpable.

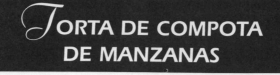

TORTA DE COMPOTA DE MANZANAS

(12 porciones)

INGREDIENTES

400 g de harina
200 g de manteca
2 huevos
120 g de azúcar
2 cucharaditas de polvo de hornear
ralladura de limón
1 y 1/2 kg de manzanas

1• Con las manzanas preparar una compota espesa, sin agua y con 8 cucharadas de azúcar y canela a gusto.

2• Formar una masa con los otros ingredientes y reservar un pequeño bollo para tapar. Forrar una tartera con la masa. Poner allí la preparación y cubrirla con la compota.

3• Cocinar en horno moderado, de 30 minutos a 40 minutos. Ni bien se saque del horno espolvorear con azúcar impalpable o cubrir con un baño liviano de jugo de limón y azúcar impalpable.

CONSEJOS

▼ *Si desea hacer masitas, preparar la torta en una placa de 15 x 25 cm aproximadamente y cortarla cuando esté fría.*

▼ *Queda muy bien si se incorporan a la masa 60 g de nueces procesadas.*

▼ *También con esta masa se pueden hacer pastelitos individuales.*

▼ *Si se cubre con glacé, dejarlo enfriar un poco antes de cortar la torta.*

TORTA ACARAMELADA DE DAMASCOS

(10 porciones)

INGREDIENTES

1 taza grande de azúcar
100 g de manteca

1 kg de damascos frescos o 2 latas de damascos al natural
1 taza grande de azúcar
3 huevos
1 taza de harina
1 cucharada sopera de polvo de hornear
1 vaso de oporto para emborrachar

1 • En un molde clásico de torta (de 28 cm de diámetro), espolvorear el azúcar y dejar que comience a fundirse. Cuando tome punto de caramelo, hacerlo correr por toda la superficie y colocar la manteca para que se derrita.

2 • Pelar y cortar los damascos por la mitad y acomodarlos con prolijidad sobre el caramelo bañado con la manteca.

3 • Aparte, batir el azúcar con los huevos, agregar la harina con el polvo de hornear, y volcar esta preparación sobre los damascos.

4 • Cocinar en horno moderado durante 30 minutos aproximadamente.

5 • Antes de desmoldarla, emborrachar a gusto y luego dar vuelta.

CONSEJOS

▼ *Servirla tibia, acompañada con crema o helado.*

▼ *Los damascos se pueden reemplazar por manzanas, duraznos o peras. En este caso, cortar las frutas en rebanadas.*

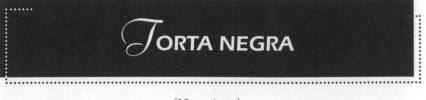

TORTA NEGRA

(10 porciones)

INGREDIENTES

150 g de azúcar negra
250 g de harina
200 g de manteca
1/2 kg de dulce de leche
100 g de nueces picadas

1 • Mezclar muy bien el azúcar, la harina y la manteca, amasando a mano hasta que tomen la consistencia del mazapán.

2 • Luego cortar tres bollos, estirar de a uno y forrar el fondo de una tartera de 28 cm de diámetro. Llevar cada uno a horno caliente durante 10 o 12 minutos, hasta que la masa levante burbujas.

3 • Desmoldar rápidamente sobre una rejilla y dejar enfriar. Una vez frías, las tres capas se unen con el dulce de leche y las nueces picadas. Se puede terminar con otra capa de dulce de leche y nueces

NOTA

▼ *Esta masa también se puede utilizar para hacer alfajorcitos, cortándolos con cortapastas.*

ROGEL

(15 porciones)

INGREDIENTES

150 g de manteca
12 yemas
2 huevos
1 vaso de agua
Harina, cantidad necesaria (de 800 g a 1 kg)
Dulce de leche
Merengue italiano

1• Poner a derretir la manteca con el agua. Aparte, colocar en una amasadora las yemas con los huevos, incorporar la manteca derretida y fría y la harina en cantidad necesaria como para formar una masa que se desprenda del bol.

2• Comenzar a estirar bollitos bien finitos, aproximadamente diez; pincharlos con un tenedor y cocinarlos en horno bastante fuerte durante 10 minutos, en placas enmantecadas.

3• Una vez fríos, untarlos con dulce de leche y recubrir la pila con merengue italiano.

CONSEJOS

▼ No hacer la masa muy seca, porque no se podrá estirar los bollitos.

▼ No debe haber mucha diferencia de temperatura entre la masa y la tartera o placa, porque se deformarán.

▼ No conviene que estén hiperfinitos, porque se humedecerán rápidamente.

$\mathcal{S}$AINT HONORÉ

(*10 porciones*)

INGREDIENTES

250 g de masa de hojaldre (*véase página 88*)

PÂTE AU CHOUX
250 cc de agua
100 g de manteca
1 pizca de sal
150 g de harina
4 huevos

RELLENO
750 cc de leche
1 cucharadita de vainilla o una chaucha
150 g de azúcar
8 yemas
30 g de harina
15 g de fécula de maíz
4 claras
60 g de azúcar
1 cucharadita (de té) de glucosa

Caramelo hecho con un cucharón grande de azúcar y 1/4 de taza de agua

1 • Hacer la masa de hojaldre, rompiendo bien el gluten.
2 • Estirar con fuerza la masa y cortar un círculo de 28 cm de diámetro, con una ruedita para cortar pizza. Enfriar durante 15 minutos.
3 • Aparte, preparar la *pâte au choux*, según las indicaciones de página 84. Colocarla en una manga con boquilla lisa o rizada y hacer, sobre la masa de hojaldre, una espiral de la manera como se indica en el dibujo 1.
4 • Sobre placas enmantecadas, con la misma manga hacer bombitas.
5 • Cocinar todo en horno precalentado, a temperatura de moderada a fuerte, durante 20 minutos; luego bajar a temperatura moderada y terminar de cocinar la base y las bombitas hasta que se sequen por completo.

6 • Se prepara una *pâtisserie* llevando a punto de ebullición la leche con la chaucha de vainilla. Aparte, mezclar en un bol, con un batidor de alambre, las yemas, el azúcar, la harina y la fécula.

7 • Una vez que la leche llegue a su punto, incorporarla a la mezcla de yemas, removiendo continuamente con el batidor para que no se corte.

8 • Llevar el bol a fuego mínimo y remover continuamente, hasta que hierva. Poner a enfriar.

9 • Con parte de la crema rellenar las bombitas y guardarlas en la heladera.

10 • Hacer un merengue italiano con las claras, el azúcar y la glucosa (véase página 42) e incoporarlo al resto de la crema para preparar la crema Chiboust. Poner a enfriar.

11 • Hacer el caramelo con el agua y el azúcar, pasar por él las bombitas rellenas de *pâtisserie* y pegarlas con caramelo en el borde del disco de hojaldre (dibujo 2).

12 • Dentro de ese nido de bombitas y hojaldre, colocar la crema Chiboust. (Si se desea, se puede colocar una bomba grande en el medio.) Decorar con hilos de caramelo.

CONSEJO

▼ *Es conveniente servirla enseguida.*

VARIANTE

▼ *Para hacer algo diferente, rellenar las bombitas con crema pastelera y colocar en el centro una capa finita de Chiboust y luego ganache de chocolate blanco (pág. 259) y otra de chocolate negro; decorar con manga.*

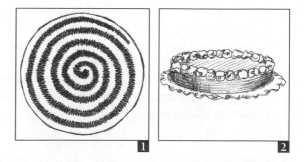

CROQUEMBOUCHE

(*12 porciones*)

INGREDIENTES

PÂTE SABLÉE III
150 g de harina
100 g de manteca
50 g de azúcar impalpable
1 yema

MASA BOMBA
500 cc de agua
1 pizca de sal
200 g de manteca
300 g de harina
8 huevos
Crema pâtisserie y caramelo
   para decorar

1 • Preparar la *pâte sablée* según las indicaciones de página 81. Cubrir sólo el fondo de la tartera, pinchar con un tenedor y cocinar en horno precalentado, de moderado a fuerte, durante 15 minutos, hasta que se dore.

2 • Hacer la masa bomba según la receta de página 84. Armar los profiteroles de 5 cm de diámetro y 2,5 cm de alto, con manga de boquilla rizada.

3 • Cocinarlos en horno precalentado fuerte los primeros 20 minutos, y suave otros 20 minutos, hasta que se sequen por completo.

4 • Luego, con un dedo o el pico de una manga, hacer un agujerito en la base y rellenarlos con la crema elegida.

5 • Aparte, hacer un caramelo, con azúcar solamente o con azúcar y agua. Cuando alcance un color rubio, ir cubriendo con él los profiteroles, con ayuda de una cuchara.

6 • Para el armado, sobre el disco de masa sablée ir colocando los profiteroles uno al lado del otro, pegándolos con el mismo caramelo. Ir agregando unos sobre otros, hasta formar una torre cónica.

7 • Preparar un caramelo y, una vez que alcance un punto de hilo continuo (al levantarlo con el tenedor, debe caer un hilo de caramelo sin cortarse), con ayuda de los dedos (¡Cuidado! ¡No se quemen!) hacer hilos de caramelo y disponerlos sobre la torre de profiteroles formando un casquete o "peluca".

CONSEJOS

▼ *Los profiteroles pueden rellenarse con diferentes variantes de crema pâtisserie: de chocolate, limón, vainilla, con pedacitos de fruta o praliné.*

▼ *Conviene preparar el caramelo para los hilos con una proporción de 1 cucharada de glucosa por tazón de azúcar. Esto evitará que el caramelo caiga cuando se coloque la torta en la heladera.*

TORTA DE FRUTAS DEL TIEMPO

(10 porciones)

INGREDIENTES

BIZCOCHUELO
10 huevos
400 g de azúcar
400 g de harina
Ralladura de limón

CREMA DE LIMÓN
4 tazas de azúcar
12 huevos
Jugo y ralladura de limón

MERENGUE ITALIANO
1/2 kg de azúcar
250 cc de claras
1/2 taza de agua

Frutas de estación
Jalea para pintar

1• Preparar un bizcochuelo batiendo los huevos con el azúcar a punto letra y agregando con mucho cuidado la harina en forma envolvente (véase página 122).

2• Para hacer la crema de limón, mezclar bien con un batidor todos los ingredientes en un bol y cocinar esta preparación a baño de María revolviendo continuamente hasta que al levantar el batidor se forme como un suave dibujo. Poner a enfriar durante 2 horas en la heladera.

3• Hacer un merengue italiano según las indicaciones de página 42, para decorar los costados del bizcochuelo.

4• Para armar la torta, cortar el bizcochuelo en tres partes y rellenar con la crema bien fría, teniendo cuidado de que no salga del bizcochuelo. La última capa del bizcochuelo se pone al revés y se la unta apenas con la crema, como para que las frutas se adhieran.

5• Colocar frutas de la estación de la manera deseada, formando un cuadro.

6• Poner el merengue italiano en una manga con boquilla lisa o rizada y cubrir los costados de la torta. Pintar la fruta con almíbar o jalea de manzanas.

CONSEJO

▼ *Si no se la va a comer enseguida no conviene ponerle frutas cítricas, ya que su jugo la arruinaría.*

CHEESECAKE

(12 porciones)

INGREDIENTES

MASA
100 g de azúcar impalpable
100 g de harina
100 g de manteca

RELLENO
1 kg de ricota procesada
*   o queso crema*
Jugo de 2 limones
6 huevos
200 g de azúcar
300 g de crema
80 g de harina
1 cucharada de esencia de vainilla

CUBIERTA (OPTATIVA)
1/2 taza de crema
1 cucharada de azúcar impalpable
1 cucharada de jugo de limón

Frambuesas

1• Hacer la masa, trabajando con las puntas de los dedos; extenderla sobre la base de un molde de 28 cm de diámetro.

2• Luego batir los huevos con el azúcar a punto letra (véase página 18), incorporar el jugo de limón y la esencia. Por otro lado, mezclar la ricota con la crema y la harina. Incorporar el batido de los huevos en forma envolvente.

3• Volcar sobre la masa y cocinar en horno precalentado, moderado, más o menos durante 30 minutos.

4• Una vez listo, mezclar los ingredientes de la cubierta, poner sobre la torta y cocinar en el horno 5 minutos más.

5• Cubrir con frambuesas y poner a enfriar en la heladera.

CONSEJOS

▼ *Queda muy bien colocarle, en vez de la cubierta, mitad de la receta de lemon curd (página 239) y las frambuesas.*

▼ *Para saber cuándo está lista, hay que mover el molde; si la preparación no se desprende, ya está en su punto.*

$\mathscr{C}$HEESECAKE DE CHOCOLATE

(10 porciones)

INGREDIENTES

MASA
1 kg de galletitas de chocolate
100 g de manteca

RELLENO
1 kg de ricota
5 huevos
200 g de azúcar
80 g de harina
300 g de crema
300 g de chocolate cobertura

1• Moler en procesadora las galletitas de chocolate y mezclarlas con la manteca. Cubrir la base y los costados de un molde. Reservar un poco para espolvorear por arriba.

2• Batir los huevos con el azúcar a punto letra (véase página 18). Aparte mezclar la ricota procesada con la crema, la harina y el chocolate derretido a temperatura ambiente.

3• Unir las dos preparaciones y colocarlas en el molde sobre la masa de galletitas, luego cubrir con el resto de las galletitas.

4• Cocinar en horno precalentado, moderado, durante 50 minutos y en lo posible dejarlo descansar con el horno apagado y abierto.

CONSEJO

▼ *No colocar el chocolate caliente, porque la preparación quedará granulosa.*
▼ *Si se desea, cubrir con chocolate.*

$\mathcal{T}$ORTA DE FIESTA

(18 porciones)

INGREDIENTES

TORTA
300 g de manteca
300 g de azúcar
300 g de chocolate
10 huevos
250 g de harina
4 cucharaditas de polvo de hornear

RELLENO
1/2 litro de crema chantillí
1 kg de frutillas o frambuesas
1 kg de dulce de leche

1• Batir la manteca y el azúcar a crema; agregar las yemas de a una.
2• Aparte, derretir el chocolate a baño de María e incorporarla al batido anterior.
3• Luego incorporar la harina cernida con el polvo de hornear.
4• Por último, en forma envolvente, agregar las claras batidas a nieve.
5• Colocar la mezcla en una tortera enmantecada y enharinada en horno precalentado moderado, durante aproximadamente 50 minutos. Dejar enfriar en el molde. Desmoldar.
6• Cortar en 3 capas iguales. Untar la primera con dulce de leche, y la segunda con crema chantillí y frutillas o frambuesas.
7• Cubrirla con merengue italiano (véase página 42), con manga.

CONSEJOS

▼ *Si se desea que quede más húmeda, incorporar 200 g de harina, en vez de 250 g.*
▼ *Esta torta es ideal para cumpleaños y también queda muy rica rellena con dulce de leche y cubierta con 150 g de chocolate derretido con 1 cucharada grande de dulce de leche y 2 cucharadas de agua.*
▼ *También queda espectacular rellena con helado y cubierta con merengue o chocolate.*

CROCANTE DE ALMENDRAS CON DULCE DE LECHE, CREMA Y FRUTILLAS

(12 porciones)

INGREDIENTES

MASA
300 g de almendras molidas
300 g de harina
300 g de manteca
270 g de azúcar

RELLENO
1 kg de frutillas
1 taza de azúcar
Dulce de leche
Crema sin azúcar

1 • Hacer una masa con la punta de los dedos, desintegrando bien la manteca y dejar descansar en la heladera por espacio de 1 hora.
2 • Dividir la masa en 3 y estirar en 3 fondos de 28 cm de diámetro. Cocinar en horno moderado durante 25 minutos.
3 • Cocinar las frutillas con el azúcar hasta que ésta se disuelva.
4 • Untar cada capa con dulce de leche, crema y frutillas. Terminar con el último disco, que se decora con un poco de fruta.

CONSEJOS

▼ *Las frutillas pueden reemplazarse con ciruelas, realizando exactamente el mismo procedimiento que con las frutillas o frambuesas al natural o frescas.*
▼ *No procesar demasiado las almendras.*

TORTA DE MANZANAS ALMENDRADAS

(12 porciones)

INGREDIENTES

MASA

350 g de harina
270 g de azúcar
200 g de almendras procesadas
2 yemas
250 g de manteca

CUBIERTA

5 manzanas verdes
1 tazón de azúcar
50 g de manteca

RELLENO

500 cm³ de leche
1 huevo
1 yema
1 cucharada colmada de fécula

1 cucharada colmada de harina
100 g de azúcar

Compota de 5 manzanas

1• Unir en un bol los ingredientes secos y en el medio colocar la manteca y las yemas.

2• Integrar esos ingredientes con los secos y formar una masa que debe descansar 1/2 hora en la heladera.

3• Colocar la masa en una tortera N° 30 desmontable y ajustarle, como siempre, los papeles de aluminio en los bordes (véase página 16).

4• Poner en frío sólo 15 minutos y colocarle un papel manteca con porotos por arriba.

5• Cocinar en horno precalentado moderado durante 50 minutos; 10 minutos antes de que se termine de cocinar, retirar todos los papeles y los porotos (la masa es muy sensible).

6• Aparte, hacer una *pâtisserie* mezclando primero la yema, el huevo, el azúcar, la fécula y la harina; luego incorporar la leche y sin dejar de revolver con batidor y a fuego medio cocinar hasta que hierva. Una vez lista, pincelarla con manteca.

7• Hacer una compota con las cinco manzanas cortadas en daditos y una taza de agua; deben quedar blanditas pero no puré. Escurrirlas bien y mezclarlas con la *pâtisserie*.

8• Para la cubierta, cortar las manzanas en rebanaditas y hacer un caramelo con el azúcar y la manteca. Incorporar las manzanas y dejar acaramelar en su propio jugo.

9• Para armar la torta, rellenar ésta con la *pâtisserie* a temperatura ambiente, mezclada con la compota. Como cubierta se disponen las manzanas en forma de flor.

CONSEJOS

▼ *La tarta no es fácil, pero si se siguen con atención las indicaciones saldrá perfecta.*
▼ *Las almendras tienen que estar bien procesadas*
▼ *Las manzanas acarameladas deben quedar bien color caramelo y tener una consistencia blanda pero maleable para decorar.*

BERRY PIE

(10 porciones)

INGREDIENTES

MASA
200 g de harina
100 g de manteca
1 pizca de sal
Agua fría, cantidad necesaria

RELLENO
2 kg de frutillas o frambuesas
4 cucharadas de fécula de maíz
1 y 1/2 taza de azúcar
1 pizca de canela
50 g de manteca
Azúcar para espolvorear

1 • Preparar la masa brisée según las indicaciones de página 82. Dividirla en dos y estirarlas. Una parte se utilizará como base, y la otra como tapa.

2• Para el relleno, mezclar todos los ingredientes y luego cubrir con la otra parte de masa, que se espolvorea con azúcar y manteca.

3 • Cocinar en horno precalentado, más bien fuerte, durante 30 minutos aproximadamente.

CONSEJOS

▼ *La fruta debe ser fresca y bien seca.*

▼ *Se pueden utilizar también duraznos, manzanas, etc.*

▼ *Una vez que el relleno esté listo, se debe colocar rápidamente sobre la masa, cubrirlo con la otra parte de masa y enseguida llevarlo al horno; de lo contrario se humedecería.*

▼ *Conviene ponerlo desde el principio en la parte baja del horno.*

▼ *Es excelente comerlo caliente, acompañado por helado.*

$\mathcal{S}$TREUSEL SIMPLE

(10 porciones)

INGREDIENTES

MASA
300 g de harina
150 g de azúcar
200 g de manteca

RELLENO
4 manzanas
4 cucharadas de azúcar
Canela
50 g de almendras tostadas
50 g de nueces picadas

1 • Mezclar la harina con el azúcar y la manteca fría fregando las manos, haciendo un streusel (granulado). Dejar descansar 10 minutos aproximadamente.

2 • Poner la mitad de la masa así, granulosa, en una tartera enmantecada y enharinada, encima las manzanas cortadas en cubitos chiquitos espolvoreadas con el azúcar y la canela, y por último el resto de la masa, desmenuzada y mezclada con las almendras y las nueces picadas.

3 • Cocinar en horno moderado durante 50 minutos aproximadamente, hasta que se dore.

CONSEJOS

▼ *Trabajar con la punta de los dedos, haciendo grumos pero no una masa. Las manos deben estar bien frías.*

▼ *Resulta muy rico si se lo come tibio, acompañado con helado de crema americana.*

▼ *Es preferible que las manzanas estén apenas cocidas antes de ponerlas sobre la masa, para que queden bien tiernas.*

PASTEL CREMOSO DE MANZANAS

(12 porciones o un pastel de 30 cm)

INGREDIENTES

1 y 1/2 taza de harina
1/2 cucharadita de sal
1/2 cucharadita de canela
1/2 taza de azúcar
1 cucharadita de polvo de hornear
Ralladura de 1 limón
1 yema
150 g de manteca
2 cucharadas de coñac

RELLENO
3 manzanas verdes, grandes
2 huevos
3/4 de taza de azúcar
2 cucharadas de harina
Ralladura de 1 limón
3/4 de taza de crema
250 g de queso crema
1/4 de taza de pasas de uva (optativo)

CUBIERTA
300 cc de crema
1 cucharadita de canela
3 cucharadas de azúcar

1• Mezclar los ingredientes secos; luego agregar la ralladura de limón, la manteca, el coñac y la yema a la preparación anterior.

2• Formar la masa y estirar en una placa enmantecada y enharinada de 28 x 18 cm aproximadamente.

3• Pelar las manzanas y cortarlas en rebanadas; colocarlas sobre la masa.

4• Batir los huevos con el azúcar a punto letra, agregar la ralladura de limón y por último incorporar el queso crema, la harina y las pasas de uva y colocar esta preparación sobre las manzanas.

5• Cocinar en horno precalentado moderado aproximadamente 40 minutos.

6• Servir caliente, acompañado por la crema batida con el azúcar, o cubrir con la crema y espolvorear con la canela.

TARTA ESPONJOSA DE COCO

(16 porciones)

INGREDIENTES

MASA
150 g de azúcar
150 g de manteca blanda
2 yemas
75 cc de oporto
250 g de harina
80 g de fécula de maíz
1 cucharadita de polvo de hornear
1/4 de cucharadita de sal

RELLENO
2 tazas de leche (400 cc)
100 g de manteca
400 g de azúcar
6 huevos
1 cucharadita de esencia de vainilla
200 g de coco rallado
Dulce de leche, cantidad necesaria
(aproximadamente 700 g)

1 • Trabajar la manteca y el azúcar con una cuchara de madera hasta lograr consistencia de pomada.

2 • Agregar las yemas, el oporto y finalmente los elementos secos trabajados juntos.

3 • Estirar la masa (puede hacerse sobre un nailon) y forrar una tartera grande, de aproximadamente 30 cm, enmantecada y enharinada.

4 • Para el relleno, unir la manteca con el azúcar hasta lograr el punto pomada; luego agregar el coco, los huevos, esencia y la leche.

5 • Untar la masa con dulce de leche y distribuir por encima el relleno. Cocinar en horno moderado durante 60 minutos, hasta que esté firme. Dejarla enfriar antes de cortarla.

CONSEJO

▼ *Una vez extendida la masa, colocarla en el freezer durante 15 minutos, para poder untar el dulce de leche con facilidad. Cuando el relleno esté listo, llevar inmediatamente al horno.*

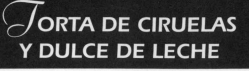

TORTA DE CIRUELAS Y DULCE DE LECHE

(10 porciones)

INGREDIENTES

MASA
250 g de harina
4 cucharadas de azúcar
1 yema
200 g de manteca
1 kg de dulce de leche
3/4 kilo de ciruelas secas sin carozo
2 cucharadas de azúcar
1/3 de taza de agua
1 sobre de gelatina
1/2 taza de dulce de ciruela

1 • Unir los ingredientes secos en un bol; en el centro colocar la manteca y la yema, deshacer estos ingredientes y unirlos con los secos, formando una masa. Dejar descansar durante 1/2 hora en la heladera.

2 • Extender la masa en una tartera desmoldable de 30 cm de diametro; pincharla o cubrirla con un papel con porotos encima, y cocinarla en horno moderado precalentado durante 25 minutos..

3 • Mientras, cocinar la ciruelas con el azúcar y el agua hasta que se ablanden e hidraten bien.

4 • Escurrir las ciruelas y guardar el agua de cocción.

5 • Hidratar la gelatina en esa agua e incorporar al dulce de ciruelas.

6 • Untar la tarta ya fría, con bastante dulce de leche.

7 • Luego colocar las ciruelas una al lado de otra y cubrirlas con la mezcla de agua, gelatina y dulce.

8 • Colocar en la heladera y servir cuando la cubierta se haya solidificado por completo.

CONSEJOS

▼ *Hacer los bordes de la tarta bastantes altos, de modo que la gelatina no se escurra.*

▼ *Ojo al cocinar las ciruelas; que no se ablanden demasiado.*

▼ *Es deliciosa y queda muy bien como postre.*

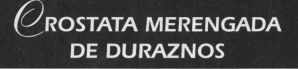

CROSTATA MERENGADA DE DURAZNOS

INGREDIENTES

MASA
350 g de harina leudante
200 g de manteca
140 g de azúcar
3 yemas
1 pizca de sal
Harina para estirar

CREMA
150 cm³ de crema
150 cm³ de leche
100 g de azúcar
2 yemas
1 cucharada de fécula
Esencia de vainilla

RELLENO
6 duraznos
Almíbar para cocinarlos:
  1/2 litro de agua
200 g de azúcar
1 chorrito de vino blanco

180 g de bizcochos desmenuzados

1 • Preparar una masa deshaciendo la harina con el azúcar, la manteca y la sal. Luego incorporarle las yemas. Dejar reposar la masa en la heladera.

2 • Aparte, cocinar en el almíbar los duraznos enteros, sin pelar, hasta que estén blandos. Dejarlos enfriar, cortarlos por la mitad y descarozarlos.

3 • Colocar la masa en la tartera y sujetarle los bordes con papel metalizado. Dejarla enfriar en la heladera y cocinarla en horno precalentado moderado durante 30 minutos, cubierta con papel manteca y porotos.

4 • Una vez cocida, cubrir la tarta con los bizcochos molidos y colocar los duraznos en mitades, boca abajo.

5 • Aparte poner a hervir la leche con la crema.

6 • En un bol con un batidor mezclar las yemas con el azúcar de fécula, mezclarlos con la crema y la leche.

7 • Revolver esta crema sobre llama mínima hasta que hierva e incorporarle la esencia de vainilla. Colocar la crema sobre los duraznos.

8 • Poner en el horno unos 10 minutos, hasta que esté bien ligada, y al sacarla espolvorear con azúcar impalpable y gratinar con el soplete.

TARTA TATÍN

(10 porciones)

INGREDIENTES

MASA (SABLÉE III)
300 g de harina
200 g de manteca
100 g de azúcar impalpable
1 huevo

RELLENO
1 tazón de azúcar
50 g de manteca
6 manzanas

1 • Preparar la masa según las indicaciones de página 81.

2 • Hacer un caramelo en una tartera, espolvoreando el azúcar y cubriéndola con la manteca en trocitos.

3 • Acomodar las manzanas cortadas en 8 partes cada una y cubrir con la masa de tarta.

4 • Cocinar en horno, moderado a fuerte, aproximadamente durante 30 minutos. Desmoldarla caliente.

CONSEJO

▼ *La masa se debe colocar una vez que el molde esté frío. Después de colocarla en el molde es conveniente dejarla descansar media hora en la heladera, pincharla y luego introducirla en el horno.*

PASTAFROLA

(12 porciones)

INGREDIENTES

MASA
400 g de harina
3 yemas
200 g de manteca
7 cucharadas de azúcar
1 cucharadita de bicarbonato de sodio

Dulce de membrillo con 1/2 taza de oporto

1• Mezclar los ingredientes secos; luego incorporar los demás, formar una masa y dejar enfriar 1/2 hora si está muy blanda.
2• Separar las 3/4 partes para la base y el resto para la cubierta.
3• Colocar sobre la masa el dulce de membrillo, previamente ablandado con 1/2 taza de oporto.
4• Amasar el resto de la masa para la cubierta, cortarla en tiras y formar un enrejado sobre el dulce.
5• Cocinar la tarta en horno precalentado, moderado, durante 30 minutos.

NOTA
▼ *Si se desea elaborar el dulce de membrillo casero, véase página 242.*

PASTAFROLA DIFERENTE

(8 porciones)

INGREDIENTES

MASA
300 g de harina
200 g de manteca
100 g azúcar
1 pizca de sal
2 yemas
1 cucharada de marsala

RELLENO
Frangipane (véase página 199)
5 duraznos frescos o cascos de 2 membrillos
1 cucharadita de canela
1 taza de azúcar

1• Hacer la masa con la punta de los dedos, uniendo los ingredientes secos junto con la manteca.

2• Incorporar las yemas y el marsala y formar una masa. Dejarla descansar en la heladera durante media hora.

3• Cortar la fruta en 4 o en 6 partes, pelarla y cocinarla con el azúcar rubia y la canela hasta que los gajos estén blanditos pero no deshechos.

4• Extender 3/4 partes de la masa en una tartera de 26 cm de diámetro. Untar con el frangipane y colocar los duraznos.

5• Por encima colocarle las tiras formando el enrejado y cocinar en horno precalentado moderado durante 30 minutos.

LA TARTAFROLLA

(8 porciones)

INGREDIENTES

250 g de almendras molidas
125 g de harina
250 g de azúcar molida
4 yemas de huevo
125 g de manteca blanda
1 frasco de mermelada de durazno o damasco
Manteca para el molde
1 pizca de sal

1• Mezclar en un bol las almendras, la harina, el azúcar y la sal. Comenzar a mezclar, incorporar las yemas y la manteca. Trabajar esta masa con la punta de los dedos y poco tiempo, que queden grumos.

2• Enmantecar bien una fuente alargada, repartir la mitad de la preparación sobre el fondo del molde. Aplastar con los dedos de manera que la preparación suba en los bordes. Cubrir con la mermelada, teniendo cuidado de que no toque los bordes del molde.

3• Volcar el resto de los grumos y acomodar bien con un cuchillo. Cocinar durante 20 minutos en horno caliente.

CONSEJOS

▼ *No tocar la masa demasiado, ya que si se deshace cambia totalmente la textura de la tartafrolla.*

▼ *No pasar el tiempo de cocción, porque se endurece muchísimo.*

▼ *Con el dulce de damascos queda excelente, pero también se pueden emplear otros dulces, salvo de leche, porque quedaría empalagosa.*

TORTA DE NARANJAS

(8 porciones)

INGREDIENTES

3 naranjas grandes de ombligo
5 tazas de agua fría
1 taza de almendras blanqueadas y tostadas
1/4 de taza de nueces
6 huevos grandes (separar las yemas de las claras)
1 taza de azúcar
1 cucharada de extracto de almendras

ALMÍBAR
1 taza de agua fría
1/2 taza de azúcar
1 cucharadita de jugo de limón

300 g de almendras blanqueadas y tostadas

CREMA DE NARANJAS
Jugo de 6 naranjas
250 g de azúcar impalpable
3 cucharaditas de fécula
1/2 copa de agua
5 yemas
200 cc de crema chantillí
Naranjas en rodajas de 1/2 cm de espesor, para decorar

1• Lavar muy bien las naranjas y sumegirlas completamente en agua fría. Cocinarlas hasta que estén blandas.

2• Secarlas, dejarlas enfriar y procesar.

3• Procesar las nueces y las almendras y mezclar con las naranjas.

4• Batir las yemas y el azúcar a punto letra (véase página 18) e incorporar el extracto de almendras.

5• Mezclar la preparación de naranjas con el batido de yemas.

6• Batir las claras a punto nieve e incorporárselas muy suavemente, con movimientos envolventes.

7• Precalentar el horno y colocar la mezcla en un molde de 28 cm de diámetro. Cocinar en horno de moderado a fuerte durante 65 minutos aproximadamente.

8• Para preparar el almíbar, poner el agua y el azúcar en una sartén y llevar a punto de ebullición. Dejar reducir durante 15 minutos hasta obtener punto de hilo fino (véase página 18).

9• Para preparar la crema de naranjas, llevar a punto de ebullición el jugo con el azúcar.

10• Incorporar la fécula disuelta en el agua fría y batir sobre el fuego hasta que hierva y espese.

11• Retirar del fuego y agregar las yemas, sin dejar de batir. Una vez que esté bien frío, incorporarle la crema chantillí.

12• Para armar la torta, bañarla con el almíbar, sobre todo en los costados, donde se le adherirán las almedras tostadas y ligeramente procesadas. Arriba, bañar con la mitad de la crema y distribuir encima las naranjas acarameladas (véase Nota).

13• Servir acompañada por el resto de la crema.

NOTA

▼ *Para preparar las naranjas acarameladas, hervir en una cacerola 1/4 de taza de agua con 1 taza de azúcar. No bien comience a hervir, sumergir la rejilla con las rodajas de naranja y dejar a fuego mínimo durante 30 minutos aproximadamente, hasta que las naranjas se acaramelen. Retirar, dejar enfriar sobre la rejilla (véase foto) y distribuir sobre la torta.*

TARTA DE NARANJAS

(10 porciones)

INGREDIENTES

MASA
Pâte sablée III (véase página 81)

CREMA
6 huevos
1 taza de azúcar
Jugo y ralladura de 2 naranjas
100 g de manteca

REDUCCIÓN
Jugo de 2 o 3 naranjas
1 taza de azúcar
Cascaritas de naranja

1• Mezclar los huevos y el azúcar con batidor e incorporar el jugo, la ralladura y la manteca.
2• Cocinar a baño de María sin dejar de revolver, siempre con batidor, y en cuanto tome cuerpo retirar del fuego, para que no se corte.
3• Preparar la *pâte sablée* según indicaciones de página 81.
4• Con la masa estirada bien fina, cubrir una tartera de 30 cm de diámetro. Cocinar en horno de moderado a fuerte, durante aproximadamente 15 minutos.
5• Una vez fría, rellenar con la crema, decorar con gajos pelados a vivo y cascaritas de naranja y pintar con la reducción.

CONSEJOS

▼ *La crema tarda en hacerse; debe estar bien consistente, porque si no quedará demasiado blanda y no sostendrá las naranjas.*
▼ *Los gajos de naranja tienen que estar bien sequitos.*
▼ *La reducción de naranjas debe quedar bien espesa.*

TARTA SABLÉE
A LOS DOS POMELOS

(6 porciones)

INGREDIENTES

300 g de pâté sablée (pág. 81)
125 g de azúcar
125 g de manteca
2 huevos
125 g de almendras en polvo
25 g de fécula de maíz
4 cucharadas soperas de ron blanco

CUBIERTA
25 cc de jugo de pomelo
3 pomelos rosados
2 pomelos blancos
125 g de azúcar
5 cc de jarabe de caña

1• Estirar la masa hasta que tenga un espesor de 30 mm y ubicar en un molde de tarta. Pinchar el fondo y los bordes con un tenedor. Decorar el contorno con triángulos tallados con el resto de pasta y pegarlos con un poco de agua. Dejar reposar al fresco durante 30 minutos.

2• Trabajar la manteca a crema en un bol, después incorporar poco a poco el azúcar mezclada con las almendras en polvo, la fécula de maíz, los huevos de a uno y el ron.

3• Verter la mezcla sobre la tarta y alisar la superficie. Cocinar en horno precalentado durante 25 a 30 minutos. Dejar enfriar antes de desmoldar.

4• Sacar la cáscara a un pomelo y cortarla en fina juliana; hacerlas blanquear (se sostienen unos minutos, en un colador, en agua hirviendo), y luego confitarlas (se las deja hervir en almíbar con azúcar de caña con 2 cucharadas soperas de agua).

5• Llevar a ebullición el jugo de pomelos con 125 g de azúcar. Pelar las frutas a fondo, separar los gajos y sumergirlos en el jarabe; agregar las cascaritas con su jarabe. Cuando retome la ebullición, retirarlos, escurrirlos, secarlos y dejarlos enfriar. Disponerlos en forma de rosa sobre el fondo de la crema cocida.

6• Reducir el jarabe de cocción y distribuirlo sobre los gajos de los cítricos. Salpicar con las cáscaras confitadas. Antes de servir espolvorear los bordes con azúcar impalpable.

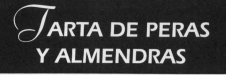

TARTA DE PERAS Y ALMENDRAS

(10 porciones)

INGREDIENTES

MASA
250 g de harina
150 g de manteca
1 pizca de sal
50 g de azúcar
2 yemas

ALMÍBAR
5 peras
3/4 de litro de agua
2 vasos de vino blanco
100 cc de Grand Marnier
150 g de azúcar

RELLENO
4 yemas
200 cc de crema
100 g de polvo de almendras
100 g de azúcar
1 chorro de Grand Marnier

CUBIERTA
1 cucharada de dulce de damascos
1 chorro de agua
1 chorro de Grand Marnier
1/2 sobre de gelatina sin sabor
Almendras fileteadas

1 • Hacer una masa fregando harina, azúcar, manteca, unir con las yemas y agua si fuera necesario. Forrar una tartera y llevarla al horno precalentado moderado 12 minutos; cocinar a blanco (sin que se dore y vacía).

2 • Cocinar las peras enteras o en mitades en el almíbar de agua, vino blanco, Grand Marnier y azúcar hasta que estén blandas.

3 • Colocar las peras en mitades sobre la tarta. Aparte, unir las yemas con el azúcar, la crema, el polvo de almendras y el Grand Marnier.

4 • Cubrir las peras con esta crema y cocinar nuevamente en el horno, siempre a temperatura moderada, hasta que la crema quede consistente como un flan.

5 • Una vez lista, retirarla y dejarla enfriar un poco.

6 • Preparar la cubierta mezclando todos los ingredientes en frío y calentándolos a baño de María hasta que la gelatina se disuelva. Dejar coagular un poquito y después pincelar con ella la tarta.

TARTA DE FRUTAS SECAS

(12 porciones)

INGREDIENTES

MASA
Pâte sablée a elección (véanse páginas 80/81)

RELLENO
360 g de miel
80 g de manteca
150 g de almendras peladas
150 g de nueces o avellanas peladas
150 g de castañas o maníes

1 • Derretir en una sartén la miel y la manteca. Incorporarle las frutas secas y cocinar 10 minutos.

2 • Preparar la masa según las indicaciones de página 80. Extenderla en una placa de 20 x 30 cm. Pincharla y cocinarla en horno moderado durante 20 minutos.

3 • Colocarle la mezcla de frutas secas y cocinar durante 20 minutos en horno moderado.

4 • Una vez que se retira, dejarla enfriar y cortarla con un cuchillo filoso o con una espátula de pintor.

$\mathcal{T}$ARTA DE CREMA DEL SUR

(12 porciones)

INGREDIENTES

MASA
Pâte sablée a elección (véanse páginas 80/81)

CREMA
500 g de crema
6 claras
1 huevo
150 g de azúcar
Esencia de vainilla
10 g de gelatina sin sabor
1 taza de pasas de uva sultaninas

1• Hacer la masa según las indicaciones de páginas 80/81, cubrir con ella una tartera desmontable y colocar en la heladera 1/2 hora.

2• Cocinar a blanco (vacía) cubriendo los bordes con papel aluminio; luego, a mitad de cocción retirar el papel.

3• Batir la crema a punto medio. Batir las claras con el huevo y el azúcar. Mezclar la crema con los huevos, agregarle la esencia de vainilla y la gelatina sin hidratar.

4• Sobre la tarta colocar las pasas y cubrir con la crema.

5• Cocinar en horno precalentado moderado hasta que esté firme. Dejar enfriar en la heladera. Espolvorear con azúcar impalpable y gratinar con soplete o colocar bajo la salamandra o grill del horno.

NOTA

▼ *Se pueden utilizar pasas de uva rubias o negras y también frambuesas frescas.*

LAFOUTIS DE PERAS

(12 porciones)

INGREDIENTES

MASA
Brisé sucré I (véase página 82)

RELLENO

Jugo de un limón
4 peras grandes
Almíbar para cocinar las peras
  (300 g de azúcar/500 cc de vino
  blanco/300 cc de agua)
120 cc de leche

120 cc de crema
1/2 chaucha de vainilla
6 clavos de olor
4 huevos
175 g de azúcar
25 g de azúcar impalpable
  para espolvorear

1• Cortar las peras a la mitad y retirar las semillas y el cabito.

2• Hacer un almíbar con el vino, el agua y el azúcar. Una vez que el almíbar está a punto de ebullición, colocar las peras y cocinarlas hasta que estén tiernas pero no deshechas. Retirarlas y secarlas muy bien.

3• Preparar la masa siguiendo las indicaciones de página 82. Dejarla descansar 30 minutos en la heladera, Luego estirarla y colocarla en una tartera de 30 cm de diámetro, con papel metalizado en los costados. Ponerla en la heladera 15 minutos. Cocinarla en horno precalentado moderado y en la mitad de la cocción retirar los papeles.

4• Cocinar la tarta. Colocar las peras sobre la tarta.

5• Para preparar la crema, batir los huevos con el azúcar, agregar la leche, la crema, el interior de la chaucha de vainilla y los clavos de olor.

6• Colocar esta crema, sin cocinar, sobre la tarta, y cocinar en horno precalentado, pero a poca temperatura, para que la crema no hierva. Una vez que la tarta adquiera una consistencia estable, espolvorearla con azúcar impalpable y gratinarla.

CONSEJO

▼ *Tener en cuenta, al preparar el relleno, que, al igual que cuando se prepara* crème brulée, *conviene dejarla descansar aproximadamente 1/2 hora, después retirarle la espuma que produjo el batido y colocarla sobre la tarta.*

$\mathcal{S}$ERPENTINA DE ALMENDRAS

(10 porciones)

INGREDIENTES

1 docena de hojas de masa phila (receta de página 87)
500 g de almendras peladas, tostadas y procesadas
100 g de azúcar
100 g de manteca
1 cucharadita de extracto de almendras
1 pizca de canela
1 clara de huevo
10 cucharadas soperas de miel

1 • Colocar las almendras en un recipiente. Derretir 90 g de manteca y colocarla en el recipiente, también el azúcar y la canela.

2 • Mezclar bien todo y agregarle el extracto de almendras hasta formar una masa maleable.

3 • Sobre una mesada colocar las hojas de masa phila, unir unas con otras pegándolas con clara de huevo, formar un rectángulo mucho más largo que ancho. Colocar la pasta de almendras a lo largo de uno de los bordes mayores del rectángulo.

4 • Enrollar delicadamente formando un *strudel* largo y enrollarlo sobre sí mismo en forma de ensaimada gigante.

5 • Precalentar el horno, enmantecar la chapa, pintar la serpentina con manteca y cocinar durante 30 minutos, hasta que la masa esté bien dorada.

6 • Pincelarla con miel al sacarla del horno.

Cookies y Masitas

Las bandejas de masitas combinadas son un placer.
Se disfruta al prepararlas, combinando diferentes
masas, rellenos, frutas y colores. Permiten probar
muchas delicias y no sólo una.

Esto significan para mí las masitas y cookies: un
pellizco dulce maravilloso.

Los frascos con cookies de distintas clases lucirán
hermosos en la cocina y permitirán dar sabor
y calidez especial a un café o té compartido.

También se prestan para que los chicos se inicien
jugando en la cocina.

GALLETITAS DE AVENA

(2 docenas)

INGREDIENTES

125 g de harina
50 g de avena
75 g de azúcar
1/4 de cucharadita de bicarbonato
1/2 cucharadita de canela
75 g de manteca
1 cucharada de miel de maíz o maple syrup
1 cucharada de leche

1• Mezclar la harina, avena y azúcar; agregar el bicarbonato y la canela y por último incorporar la manteca, la miel de maíz y la leche, previamente derretida.

2• Formar una masa (no queda compacta, sino que se desgrana), cortar las galletitas. Hacer bolitas y luego aplastarlas con la yema del dedo pulgar.

3• Colocar en placas enmantecadas para horno y cocinarlas en horno moderado durante 20 minutos aproximadamente.

CONSEJOS

▼ *Aunque ya estén cocidas, al principio quedan un poco blandas y luego se endurecen al enfriarse.*

▼ *Estarán listas cuando se puedan levantar de la placa con facilidad.*

▼ *No hornear de más, porque quedarían muy duras.*

BIZCOCHOS DE ANÍS Y ALMENDRAS

(2 docenas)

INGREDIENTES

125 g de manteca
3/4 de taza de azúcar
3 huevos
2 cucharadas de brandy
1 cucharada de ralladura de limón
2 tazas de harina
2 cucharadas de polvo de hornear
1/2 cucharadita de sal
125 g de almendras peladas, tostadas y semiprocesadas
1 cucharadita de anís

1• Batir la manteca con el azúcar hasta que se forme una crema e ir agregando los huevos de a uno, batiendo muy bien. Agregar el brandy, la ralladura de limón y mezclar bien.

2• Incorporar la harina, el polvo de hornear y la sal tamizados.

3• Agregar las almendras y el anís a la mezcla. Dejar descansar la masa por 1 hora y hacer 2 rollos de 30 cm de largo x 5 cm de diámetro.

4• Cocinar los rollos durante 20 minutos en horno precalentado moderado en placas enmantecadas y enharinadas; sacarlos, enfriarlos y cortarlos en diagonal en rodajas de 1 cm de ancho. Volver a hornear entre 25 a 30 minutos.

CONSEJOS

▼ *Secarlos bien en horno de temperatura baja, para que no se ablanden.*
▼ *Guardarlos en frascos herméticos para no permitir el paso de humedad.*
▼ *El anís se puede eliminar.*

$\mathscr{A}$MARETTI

(20 amaretti)

INGREDIENTES

120 g de almendras procesadas
1 taza de azúcar
2 claras
Esencia de vainilla
Unas gotitas de esencia de almendras
Almendras blanqueadas para decorar

1 • Combinar las almendras, el azúcar, las claras, la vainilla y la esencia. Mezclar muy bien.

2 • Batir 3 minutos y dejar reposar 5 minutos. Colocar en una manga con boquilla lisa sobre placas enmantecadas y enharinadas; formar los amaretti de aproximadamente de 3 cm de diámetro.

3 • Colocarles una almendra blanqueada y tostada a cada uno.

4 • Cocinar en horno moderado de 12 a 15 minutos hasta que tengan un color marrón. Dejarlos enfriar en placas y luego retirarlos con una espátula; colocarlos en rejillas para que se sequen.

CONSEJOS

▼ No conviene procesar muy finamente las almendras; es mejor utilizarlas en trozos, cortadas.

▼ Para blanquear las almendras, ponerlas a hervir hasta que la cáscara se desprenda sola. Por lo general se secan en el horno.

▼ Guardar en recipientes herméticos.

$\mathcal{C}$OOKIES DE AVENA Y NUEZ

(45 cookies)

INGREDIENTES

125 g de manteca
1 cucharadita de esencia de vainilla
3/4 de taza de azúcar rubia
1 huevo
135 g de copos de avena
1/4 de taza de nueces picadas
3/4 de taza de harina 0000

1• Batir la manteca, el azúcar, el huevo y la esencia en un bol, con batidora, hasta que la preparación esté cremosa. Luego incorporarle la avena, las nueces y la harina.

2• Con las manos enharinadas, hacer bolitas y colocar en placas enmantecadas y enharinadas dejando 5 cm entre una y otra.

3• Cocinar durante 12 minutos en horno moderado. Enfriar en rejillas.

$\mathcal{C}$OOKIES FASCINANTES

(40 cookies)

INGREDIENTES

125 g de manteca
2 cucharaditas de esencia de vainilla
1 taza de azúcar rubia
1 huevo
1 taza de harina leudante
1/2 taza de harina 0000
150 g de nueces tostadas y cortadas a cuchillo
70 g de coco
3/4 de taza de avena
200 g de chocolate blanco en trocitos

1• Batir manteca, esencia, azúcar y huevo en un bol, con batidora eléctrica, hasta obtener una preparación suave y liviana.

2• Pasar esta mezcla a un bol grande y allí poner las harinas, las nueces, el coco, la avena y el chocolate.

3• Darles forma de bolitas y ponerlas en placas enmantecadas y enharinadas, separándolas 3 cm unas de otras.

4• Cocinar en horno precalentado moderado durante 12 minutos o hasta que adquieran un suave tono marrón. Enfriarlas en rejillas.

COOKIES DE COCO Y LIMÓN

(30 porciones)

INGREDIENTES

125 g de manteca
2 cucharaditas de ralladura de limón
1 taza de azúcar
1 huevo
1/2 taza de coco
1 cucharada de jugo de limón
2 y 1/2 tazas de harina
1 cucharadita de canela
2 claras
135 g extra de coco

1 • Batir (con batidora) la manteca, la ralladura, el azúcar y el huevo en un bol hasta que la mezcla esté suave y liviana. Agregar el coco, el jugo, luego la harina y la canela mezclando suavemente.

2 • Tomar porciones con una cuchara, darles forma de medialuna, pasarlas por claras y luego por coco.

3 • Colocarlas en placas enmantecadas y enharinadas, dejando un espacio de 4 cm entre una y otra. Cocinar en horno precalentado moderado durante 15 minutos, hasta que estén doraditas.

4 • Dejar enfriar sobre rejillas.

TARTINES DE MANZANA

(*12 porciones*)

INGREDIENTES

MASA
125 g de manteca
250 g de harina
Agua helada
1 pizca de sal

RELLENO
4 manzanas
24 cucharadas de azúcar
Manteca, cantidad necesaria
Dulce de damascos
Almendras para decorar

1 • Hacer la *pâte brisée* (véase página 82) con la manteca, la harina y el agua helada. Cortar discos de 12 cm de diámetro y pincharlos con un tenedor. Arriba de cada disco colocar las manzanas peladas, crudas y cortadas en rebanadas en forma de flor; sobre las manzanas, espolvorear con azúcar (2 cucharadas por disco) y trocitos de manteca.

2 • Introducir en horno moderado sobre placas enmantecadas, primero en la parte baja, dutante 15 minutos, para que haga piso la masa, y después un poco más arriba, durante 15 minutos más.

3 • Pintar con mermelada de damascos reducida con agua.

CONSEJO

▼ *Conviene utilizar manzanas Golden, porque no contienen tanto líquido.*

ALFAJORCITOS DE NUEZ

(24 alfajorcitos)

INGREDIENTES

200 g de harina
200 g de nueces bien procesadas
180 g de azúcar
200 g de manteca

1 • Hacer una masa desintegrando bien la manteca y dejar enfriar en la heladera. Una vez fría cortar las tapitas y si es posible guardarlas en la heladera antes de hornearlas.

2 • Cocinarlas en placas sin enmantecar, en horno precalentado de moderado a fuerte durante 15 minutos aproximadamente.

3 • Una vez frías, rellenarlas con dulce de leche o de frambuesa.

CONSEJO

▼ *No usar nueces de campo, porque tienen mucha grasa y los alfajores se desarmarán.*

CANNOLLI

(20 cannolli)

INGREDIENTES

MASA
3 tazas de harina leudante
3 yemas
1 huevo
1 cucharadita de ralladura
  de limón
3 cucharadas de marsala
1 clara de huevo
Aceite para freír

RELLENO
1 kg de ricota
1 y 1/2 tazas de azúcar impalpable
Canela
1 cucharadita de ralladura de limón
1/4 de taza de cascaritas de naranja
  confitadas
Azúcar impalpable para cubrir
60 g de chocolate rallado

1 • Colocar una taza de harina en un bol y agregar las yemas; al mezclar todo, quedan grumitos. Refrigerar dos horas.

2 • Agregar el resto de harina, la ralladura, el marsala y mezclar bien. Colocar sobre una superficie enharinada y amasar de 10 a 15 minutos. Cubrir y refrigerar una hora.

3 • Cortar la masa en cuatro piezas, cubriendo cada una con un film. En caso de tener una máquina para hacer pastas, pasar la masa por ella; si no, estirar cada porción con el palote hasta que la masa quede bien finita. Cortar cuadrados de 4 x 3 cm y enrollarlos en tubos especiales para *cannolli* o en tubitos de aluminio de 2 cm de diámetro aproximadamente.

4 • Pintar el cierre de masa con la clara, presionando bien. Cocinar los *cannolli* en aceite para freír, de a cuatro, durante 1 minuto o menos, hasta que se doren. Retirar y colocar sobre papel absorbente. Dejar enfriar unos minutos. Sacarlos del tubo con una toallita.

5 • Para el relleno, mezclar (con batidora eléctrica) la ricota y el azúcar impalpable más o menos durante 5 minutos aproximadamente. Agregar dos cucharadas de canela.

6 • Incorporar la ralladura de limón y batir 3 minutos.

7 • Añadir las naranjitas confitadas y con una manga rellenar los *cannolli*.

8 • Pasarlos por azúcar impalpable y cubrir los extremos con chocolate rallado.

ℳASITAS DE RICOTA

(16 masitas grandes o 1 torta de 30 cm de diámetro)

INGREDIENTES

MASA
150 g de harina
70 g de azúcar
1 cucharadita de polvo de hornear
2 yemas

RELLENO
1 kg de ricota
400 g de queso crema
6 huevos
400 cc de crema
250 g de azúcar
Ralladura de 2 limones
Esencia de vainilla
150 g de maicena
1 cucharadita de polvo de hornear

1 • Para la masa, unir bien todos los ingredientes y deshacer la manteca con la punta de los dedos hasta formar una masa. Estirarla bien finita en una asadera enmantecada y enharinada.

2• Para el relleno, batir los huevos con el azúcar a punto letra (véase página 18) y aparte mezclar los demás ingredientes, todos juntos.

3 • Colocar la preparación sobre la masa y rápidamente cocinar en horno precalentado moderado durante 40 minutos. Una vez fría, espolvorear con azúcar impalpable.

CONSEJO

▼ *Cocinar en la rejilla muy cerca del fuego, o sea casi sobre el piso del horno. Una vez que se coloca el relleno sobre la masa, llevar al horno de inmediato.*

▼ *Es conveniente procesar la ricota, para que quede bien cremosa.*

▼ *Si se desea hacer masitas, cortar la torta en porciones una vez que esté fría.*

CUADRADITOS DE LIMÓN

(1 y 1/2 docena)

INGREDIENTES

MASA
250 g de manteca
Ralladura de 1 limón
1/4 taza de azúcar
2 tazas de harina

RELLENO
2 huevos
1 taza de azúcar
1/4 taza de fécula de maíz
1 cucharadita de té de ralladura de limón
1/4 taza de jugo de limón

1 • Formar la masa deshaciendo la manteca e integrándola con la harina, el azúcar y la ralladura, hasta que quede una masa lisa. Dejar reposar media hora en la heladera.

2 • Estirar la masa en una placa enmantecada y enharinada, de 18 x 25 cm aproximadamente. Dejar enfriar en la heladera.

3 • Cocinar en horno precalentado moderado durante 25 minutos.

4 • Aparte, batir los huevos con el azúcar a punto letra (véase página 18) y agregar la ralladura y la fécula disuelta en el jugo de limón.

5 • Colocar esta mezcla sobre la masa y cocinar durante 20 minutos en horno precalentado moderado. Una vez frío, cortar en cuadrados.

VARIANTE

▼ *Se puede agregar a la masa 30 g de almendras o nueces bien procesadas; también cambiar el limón por naranja.*

$\mathcal{C}$UADRADITOS DE COCO Y DULCE DE LECHE

(1 y 1/2 docena)

INGREDIENTES

MASA
300 g de harina
100 g de azúcar
200g de manteca
2 huevos

RELLENO
500 g de dulce de leche

400 g de azúcar
200 g de coco rallado
2 huevos
1 cucharadita de esencia de vainilla

1• Hacer una masa integrando todos los ingredientes, sobre todo la manteca, con la punta de los dedos. Dejar descansar la masa en la heladera durante 1/2 hora.

2• Estirar en una placa de 30 x 40 cm enmantecada y enharinada usando un rodillo o vaso enharinado para evitar darle calor a la masa y volver a enfriar durante 1/2 hora. Untar con el dulce de leche.

3• Aparte, preparar el relleno mezclando el coco con el azúcar, los huevos y la esencia. Colocarlo en crudo sobre la masa y emparejar.

4• Cocinar en horno precalentado moderado, en la parte baja del horno para que se cocine bien la masa, durante 25 minutos o hasta que se dore.

5• Una vez frío, cortar en cuadrados.

NOTA

▼ *Utilizar siempre dulce de leche pastelero.*
▼ *Es muy importante no tocar demasiado la masa, por eso es conveniente usar un rodillo, que se puede preparar con un palo de escoba o varillas cilíndricas no muy finas.*

PEPITAS

(40 pepitas)

INGREDIENTES

350 g de manteca
150 g de azúcar impalpable
500 g de harina 0000
4 yemas
1 cucharadita de polvo de hornear
1 cucharadita de esencia de vainilla

Dulce de ciruela, frambuesa o membrillo

1• Mezclar con una cuchara de madera la manteca y el azúcar impalpable hasta formar una crema.

2• Luego incorporar las yemas, la harina tamizada con el polvo de hornear y la esencia de vainilla.

3• Formar cilindros de 4 o 5 cm de diámetro, como si fueran para ñoquis, y cortar con un cuchillo medallones de 1 cm de alto.

4• Hacer un huequito con el pulgar y ahí colocar el dulce, que puede ser de membrillo, ciruela u otro.

5• Cocinar en horno precalentado moderado durante 25 minutos o hasta que empiecen a dorarse.

6• Luego retirarlas del horno. Dejar enfriar y espolvorear con azúcar impalpable.

NOTA

▼ *¡OJO! Para colocar el dulce, ponerlo con un cucurucho de papel manteca.*

$\mathcal{M}$A' AMOUL

(2 docenas)

INGREDIENTES

500 g de harina
200 g de manteca
Unas gotitas de agua de azahar
3 cucharadas de leche
125 g de nueces bien procesadas
125 g de almendras tostadas y procesadas
200 g de azúcar
Canela
Azúcar impalpable

1• Tamizar la harina, incorporar la manteca y mezclar con la mano. Luego agregar el agua de azahar y la leche. Trabajar la masa hasta que fácil de moldear.

2• Tomar una porción de masa del tamaño de una nuez y ahuecar con el dedo gordo; aplanar los bordes como para formar una canastita.

3• Rellenar con la mezcla de nueces, almendras, azúcar y canela. Replegar la masa sobre el relleno dándole forma de bolita.

4• Colocar en una fuente de horno enmantecada y enharinada y marcar con un tenedor.

5• Cocinar en horno precalentado al mínimo durante 30 minutos.

6• Una vez fríos, pasarlos por azúcar impalpable.

NOTA

▼ *No tienen que dorarse; en un principio parecerán crudos pero luego se endurecen.*

OJITOS CON ALMENDRAS

(2 docenas)

INGREDIENTES

1 y 1/2 taza de harina leudante
1/4 de taza de azúcar impalpable
1 cucharadita de canela
125 g de manteca
1/2 taza de almendras peladas tostadas y procesadas
1 yema
1 cucharada de agua
1 clara
1/2 taza de almendras peladas y tostadas
Mermelada de frambuesas

1• Tamizar la harina, el azúcar impalpable y la canela.

2• Colocar también la manteca en trocitos y las almendras. Luego incorporar la yema y agua apenas para formar la masa.

3• Formar una masa firme y cubrirla; dejarla descansar durante 30 minutos. Estirar sobre la mesada o sobre papel manteca para que no se pegue y cortar los anillitos y las bases.

4• Colocar en placas enmantecadas y enharinadas, separados por 2 cm unos de otros; pintarlos con clara de huevo y espolvorear sólo los anillos con las almendras poco procesadas.

5• Cocinar en horno moderado precalentado durante 15 minutos. Dejar enfriar en rejillas y rellenar con la mermelada de frambuesas.

TRIANGULITOS DE MASA PHILA CON DURAZNOS

(2 docenas)

INGREDIENTES

500 g de duraznos,
  no muy maduros
Ralladura de un limón
Canela
1 taza de azúcar

2 cucharadas de agua
500 g de masa phila (véase pág. 87)
3/4 de taza manteca derretida,
  para pincelar

1 • Pelar y cortar los duraznos, retirarles el carozo y cortarlos en daditos

2 • Cocinar en una cacerola o sartén con la ralladura del limón, tres cuartas partes del azúcar y la canela.

3 • Agregar el agua. Cocinar hasta que tome consistencia de mermelada, pasar a un bol y dejar enfriar.

4 • Colocar sobre la mesada la masa *phila* y cubrirla con repasadores humedecidos.

5 • Una vez frío el relleno cortar tiras de masa phila de 5 x 20 cm.

6 • Pincelar con manteca y en el extremo de la tira colocar el relleno en forma de triángulo. Ir doblando como se indica en el dibujo hasta terminar la tira.

7 • A medida que van formando los triángulos para que no se peguen los demás cubrirlos con un trapo húmedo.

8 • Pincelarlos con manteca y espolvorearlos con azúcar impalpable.

9 • Cocinar sobre placas enmantecadas en horno precalentado a 200° C durante 20 minutos.

CONSEJO

▼ *Ojo con ponerle demasiado relleno, porque no resisten.*

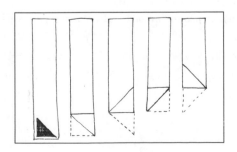

CARTUCHITOS CROCANTES CON CREMA PÂTISSERIE

(1 docena)

INGREDIENTES

MASA
1/4 taza de miel de maíz
90 g de manteca
1/3 de taza de azúcar rubia
1/2 taza de harina
2 cucharadas de jengibre en polvo

RELLENO
Una crema pâtisserie *bien firme*

1• Combinar la miel de maíz, manteca y azúcar en una sartén o en un bol, hasta que la manteca y el azúcar estén disueltas.
2• Retirar del fuego y colocar la harina y el jengibre. En placas enmantecadas y enharinadas o sobre discos limpios de papel siliconado poner la preparación de a cucharaditas y con la ayuda de la parte de atrás de una cuchara formar discos de 8 cm de diámetro, con separación de 4 cm entre uno y otro.
3• Cocinar más o menos 5 minutos o hasta que adquieran un tono amarronado. Retirar del horno y enfriar unos minutos.
4• Hacer los cucuruchos o rollitos enrollando los discos en el mango de una cuchara de madera. Dejarlos enfriar bien y luego colocar sobre una rejilla.
5• Rellenar con una manga; si no, guardar en latas o frascos herméticos.

NOTA

▼ *¡Son riquísimos! Quedan muy crocantes.*
▼ *Tal vez se quemen un poquito los dedos al armarlos, pero vale la pena.*

CUCURUCHOS CROCANTES

(45 cucuruchos)

INGREDIENTES

125 g de manteca
1/3 de taza de azúcar rubia
1/4 de taza de glucosa
1/2 taza de avena en copos
1/3 de taza de harina
2 cucharadas de crema
1 cucharadita de esencia de vainilla

1• Mezclar la manteca, el azúcar y la glucosa en una sartén hasta que el azucar se disuelva. Cuando comience a hervir, revolver continuamente durante 8 minutos hasta que la mezcla empiece a tomar una tonalidad marrón.

2• Retirar del fuego y agregar la avena, la harina, la crema y la esencia. Dejar enfriar.

3• Con la base de una cuchara de madera, hacer discos de 10 cm de diámetro sobre una placa enmantecada y enharinada o sobre planchas siliconadas limpias. Cocinar en horno precalentado de moderado a fuerte durante 10 minutos.

4• Retirar del horno y dejar enfriar 1 minuto; luego, con una espátula, levantar y enrollar en el mango de una cuchara de madera.

5• Dejar enfriar bien y sacarlos con mucho cuidado. Guardarlos en latas o frascos herméticos.

$\mathcal{P}$AILLETES DE ALMENDRAS

(*5 docenas*)

INGREDIENTES

1/2 kg de masa de hojaldre (*véase página 88*)
Yema de huevo
1 cucharada de coñac
300 g de almendras tostadas y procesadas

1 • Dividir el hojaldre en 2 partes y extender cada rectángulo hasta que tenga 1/2 cm de espesor.
2 • Pintar los rectángulos con la yema de 1 huevo y espolvorear con las almendras.
3 • Poner a enfriar durante 15 minutos y cortar tiras de 2 x 5 cm.
4 • Enroscarlas, tomándolas de un extremo y del otro, y torcer en sentido contrario. Pintarlos con clara de huevo y espolvorear con azúcar.
5 • Colocar inmediatamente a enfriar durante 10 minutos y luego cocinar en placas limpias en horno precalentado a 200° C, durante 15 minutos aproximadamente.
6 • Dejar enfriar y disfrutarlos.

CONSEJOS

▼ *Las almendras pueden reemplazarse por queso parmesano rallado. Son ideales para acompañar un cóctel.*

FÓSFOROS GLASEADOS

(3 docenas)

INGREDIENTES

220 g de masa de hojaldre *(véase página 88)*
150 g de azúcar impalpable
1 clara de huevo
3 gotas de jugo de limón

1• Calentar bien el horno.

2• Preparar el *glacé* trabajando con una espátula, durante 2 minutos, el azúcar impalpable con la clara de huevo; después agregar el limón y batir un momento más.

3• Estirar la masa a lo largo hasta obtener un rectángulo, y cortar tres bandas de 40 cm de largo por 10 cm de ancho. Dividir cada una en 12 rectángulos. Poner todo en una placa para horno limpia o sobre placas siliconadas.

4• Cocinar durante 15 minutos y después pintar con el *glacé*. Dejar enfriar antes de guardar, con cuidado de no romper la cubierta.

NOTA

▼ *Se pueden abrir al medio y rellenarlos con jamón y queso.*

$\mathcal{P}$ALMERITAS

(5 docenas)

INGREDIENTES

200 g de masa de hojaldre (véase página 88)
80 g de azúcar impalpable

1• Preparar la masa de hojaldre el día anterior.

2• Calentar el horno. Estirar la masa; espolvorear con abundante azúcar impalpable y dar dos vueltas más a la masa. Poner en la heladera.

3• Estirar la masa sobre la mesada, espolvoreándola con azúcar impalpable; cortar 2 tiras de 15 x 30 cm.

4• Enrollar los bordes de la masa hacia el centro; cortar las palmeritas (de 1 cm de espesor) en un solo movimiento. Llevar al frío un rato.

5• Poner en placas limpias, o sobre placas siliconadas (dejar un espacio entre una y otra). Llevar a horno bien caliente durante 10 minutos y después dejar enfriar completamente, fuera del horno, antes de guardar. Se pueden conservar 8 días en caja hermética.

CONSEJOS

▼ *Quedan mucho más lindas y acarameladas si se las espolvorea con azúcar impalpable en vez de azúcar común*

▼ *No arrastrar el cuchillo en los cortes porque se arruinaría el hojaldre.*

TARTELETAS DE FRANGIPANE

(4 docenas)

INGREDIENTES

MASA (SABLÉE III)
300 g de harina
200 g de manteca
100 g de azúcar impalpable
1 huevo

FRANGIPANE
250 g de manteca a temperatura
ambiente
250 g de almendras procesadas
250 g de azúcar impalpable
50 g de harina
5 huevos
50 ml de ron

1 • Para preparar la masa, unir los ingredientes secos y en el centro colocar la manteca bien fría en trocitos, y el huevo. Integrar todo, sin trabajar mucho (véase página 81), hasta formar una masa. Dejar descansar media hora.

2 • Extenderla sobre la mesada hasta que tenga un espesor de 1/2 cm. Disponerla sobre los moldes de las tarteletas chicas (como para *petit fours*) colocados uno junto a otro. Acomodarla dentro de ellos y cortar con los bordes de los mismos moldes. Guardar en la heladera hasta el momento de cocinar.

3 • Para hacer el *fragipane*, batir la manteca e incorporar de a poco el azúcar con las almendras, que se procesaron juntos. Después agregar los huevos uno a uno, la harina y por último el ron. Guardar en la heladera.

4 • Cocinar las tarteletas en horno precalentado moderado durante 15 minutos.

5 • Luego rellenarlas con el *frangipane* y cocinar nuevamente hasta que éste tome consistencia firme (aproximadamente 20 minutos).

6 • Retirar, dejar enfriar, desmoldar y presentar pinceladas con mermelada de damascos reducida; decorar con almendras fileteadas.

NOTAS

▼ *Son ideales para* petit fours.
▼ *El frangipane se puede guardar en la heladera durante una semana antes de utilizarlo.*

$\mathcal{M}$UFFINS DE CHOCOLATE

(1 docena)

INGREDIENTES

4 tazas de harina
1 taza de azúcar rubia
4 cucharaditas de polvo de hornear
1/2 cucharadita de sal
1 tableta de chocolate en trocitos
1/2 taza de nueces
1/2 taza de manteca
1 y 1/2 taza de leche
2 huevos
1 cucharada de esencia de vainilla
1 cucharada de azúcar

1 • Mezclar todos los ingredientes secos. Procesar grueso el chocolate con las nueces y agregar a la mezcla anterior.

2 • Por otra parte derretir la manteca con la leche, dejar enfriar y agregarle la vainilla y los huevos.

3 • Unir todo y formar una masa cremosa.

4 • Enmantecar y enharinar los moldecitos para *muffins*. Rellenar las 3/4 partes de cada uno y espolvorear con el azúcar. Llevarlos a horno precalentado moderado durante 15 a 20 minutos.

CONSEJOS

▼ *No mezclar demasiado los ingredientes.*
▼ *Mezclar la preparación en forma envolvente, para que resulten livianos.*

$\mathscr{M}$UFFINS DE LIMÓN Y FRAMBUESAS

(1 docena)

INGREDIENTES

2 tazas de harina
1/2 taza + 2 cucharadas de azúcar
1 cucharada de polvo de hornear
1/2 cucharadita de sal
1/2 taza de manteca
Ralladura de 1 limón
1/2 taza de jugo de limón
2 huevos grandes
400 g de frambuesas

1 • Precalentar el horno y enmantecar 12 moldecitos para *muffins*.

2 • En un bol, con un tenedor, combinar la harina, 1/2 taza de azúcar, el polvo de hornear y la sal.

3 • En una sartén derretir la manteca; enfriarla, añadirle la ralladura de limón y el jugo; agregar los huevos y ligarlos.

4 • Agregar la mezcla de ingredientes secos; al hacerlo, la masa quedará húmeda y grumosa.

5 • Por último, con mucho cuidado incorporar a la mezcla las frambuesas frescas. Verter la preparación en los moldecitos y espolvorear con azúcar.

6 • Cocinar los *muffins* en horno precalentado moderado, de 15 a 20 minutos o hasta que estén listos. Servirlos calentitos.

SCONES

(1 docena)

INGREDIENTES

500 g de harina 0000
4 cucharaditas de polvo de hornear
200 g de manteca
2 huevos
8 cucharadas de azúcar
Ralladura de 1 limón
Leche para pintar

1• Colocar en un bol la harina con el polvo de hornear. En el centro hacer un hoyito y poner la manteca en trocitos, los huevos, el azúcar, la ralladura y un chorrito de leche.

2• Unir todos los ingredientes, deshaciendo la manteca e integrándola con los demás elementos.

3• Formar una masa, uniendo todo, ¡sin amasar!

4• Estirar hasta lograr un espesor de 2 cm, y cortar con un cortapasta para alfajores. Pintar con huevo batido y cocinar en horno precalentado, de moderado a fuerte, durante 30 minutos.

5• Colocarles encima, en la mitad de la cocción, un papel madera (para que no se doren mucho).

6• Dejarlos enfriar sobre una rejilla.

NOTA

▼ *Quedan buenísimos acompañados con manteca y mermelada.*

$\mathcal{S}$CONES SALADOS

(30 scones)

INGREDIENTES

1 kg de harina
300 g de manteca
9 cucharadas de polvo de hornear
Leche fría
1 cucharada de sal

1 • Colocar la harina sobre la mesada o en un bol, junto con el polvo de hornear y la sal, dentro hacer un hoyito y colocar la manteca y un chorrito de leche fria.

2 • Deshacer bien la manteca y unir todo formando una masa medio grumosa, pero no amasar. Estirar la masa hasta lograr un espesor de 2 cm y con el cortapasta, cortar *scones* de 4 cm de diámetro y 2 cm de alto.

3 • Cocinar en horno precalentado a 200° C durante 20 minutos aproximadamente.

4• Servir calentitos.

CONSEJOS

▼ *Son buenísimos calientes con manteca y mermelada, fiambres y quesos.*

▼ *También se puede agregar a la masa 1 taza de queso rallado sabroso y un poco más de leche.*

ℰMPANADITAS DE FRAMBUESA

(1/2 docena)

INGREDIENTES

MASA
1 y 1/4 taza de harina
1/4 de taza de fécula de maíz
1 cucharada de azúcar impalpable
90 g de manteca
1/4 de taza de agua aproximadamente

RELLENO
500 g de mermelada de frambuesa u otra mermelada consistente

GLACÉ DE NARANJA
1 cucharada de jugo de naranja
1/2 taza de azúcar impalpable

1• Colocar en un bol todos los ingredientes secos e incorporar la manteca un poco blanda.

2• Agregar un chorrito de agua para unir los ingredientes. y trabajar un poco sobre la mesada enharinada hasta que quede maleable. Dejar descansar en la heladera durante 30 minutos.

3• Dividir la masa en 6 porciones. Estirar cada porción entre separadores de freezer, de aproximadamente 14 cm de diámetro.

4• Colocar la mermelada sobre cada disco y cerrar las empanadas presionándolas con los dedos. Marcar el borde con un tenedor.

5• Cocinar en horno moderado sobre placa enmantecada durante 20 minutos aproximadamente, hasta que estén doradas.

6• Dejar enfriar 10 minutos y cubrir con el glacé.

7• Para hacer el glacé de naranjas, combinar el jugo con el azúcar impalpable.

VARIANTE

▼ *Relleno de cereza: 425 g de cerezas en lata, 1 cucharada de fécula, 1 cucharada de azúcar, ralladura de una naranja. Mezclar los ingredientes y llevar al fuego hasta que la preparación hierva. Una vez fría, rellenar las empanadas.*

Postres

Hacer un postre puede ser una manera de expresar cariño, de demostrarle a un ser querido que hemos pensado en el; nos permite el placer de decirle a alguien: "Te hice este postre porque sé que te gusta".

Pablo, uno de los chicos que trabajan en Magic Cakes, suele comentar:

"Yo no puedo creer que haya gente que trabaja en la cocina de mal humor".

Y es cierto: trabajar en la cocina, rodeado de cremas, dulces, azúcar y chocolate, es una forma de relajarse.

Hoy, que es tan común recurrir a los helados u otros productos comprados, los invito a comprobar que hay postres muy fáciles que pueden prepararse rápidamente, y otros que, aunque más elaborados, son una gratificante recompensa al esfuerzo de hacerlos.

BUDÍN DE PAN DE MI ABUELA

(10 porciones)

INGREDIENTES

400 g de miga de pan de campo o lactal (si es casero, mejor), en cubitos
800 cc de leche hirviendo, mezclada con 200 cc de crema
Esencia de vainilla, a gusto
1/4 kg de azúcar
2 huevos enteros
3 yemas
2 claras a nieve
Azúcar extra para acaramelar la budinera

1• Acaramelar una budinera.
2• Poner la miga de pan en un bol y echar la leche hirviendo junto con el azúcar y la esencia. Dejar que la miga se esponje y el azúcar se disuelva. Mezclar con un tenedor. Tamizar toda la preparación.
3• Agregar los dos huevos batidos junto con las yemas, mezclar bien. Incorporar las claras batidas a nieve y unir suavemente.
4• Verter en el molde acaramelado y cocinar a baño de María en horno moderado hasta que esté bien firme.
5• Retirar y dejar enfriar en el molde. Desmoldar cuando esté bien frío.

NOTAS

▼ *Puede agregársele pasas de uva al final de la preparación.*
▼ *Es riquísimo con crema inglesa (pág. 62) o con crema chantillí.*

ℬUDÍN DE PAN Y CHOCOLATE BLANCO

(6 porciones)

INGREDIENTES

240 g de pan casero tipo Viena
3 tazas de crema
1 taza de leche
1/2 taza de azúcar
300 g de chocolate blanco
7 yemas
2 huevos

SALSA DE CHOCOLATE BLANCO
1/2 taza de crema
240 g de chocolate blanco

1 • Cortar el pan en cubitos, llevar al horno hasta que tome un color dorado.
2 • Aparte, llevar a punto de ebullición la crema con la leche y el azúcar. Retirar del fuego y agregar inmediatamente el chocolate en trozos.
3 • Mezclar yemas y huevos, agregar a la crema de chocolate y dividir en dos partes. A una parte incorporarle el pan, dejar descansar 15 minutos y después mezclar con la otra parte.
4 • Cocinar a baño de María en un molde de budín enmantecado y azucarado en horno moderado durante 40 minutos.
5 • Dejar enfriar y dejar en la heladera por lo menos durante 4 horas. Desmoldar como un flan.
6 • Para preparar la salsa de chocolate, llevar la crema a punto de ebullición, apagar el fuego, agregar el chocolate y revolver. Servir acompañado con la salsa.

CONSEJOS

▼ *Prepararlo el día anterior.*
▼ *Conviene cocinarlo en un molde de cerámica apto para horno para servirlo sin desmoldar, porque durante la cocción suben los cubitos de pan y queda muy lindo y crocante.*

FLAN DE COCO

(15 flancitos o 1 grande)

INGREDIENTES

2 litros de leche
15 yemas
1 kg de azúcar
500 g de coco rallado
1 chaucha de vainilla

1• Reducir sobre el fuego mediano la leche junto con el azúcar, la chaucha de vainilla abierta y el coco.

2• Dejar reduciendo hasta que el coco haya absorbido toda la leche, revolviendo de vez en cuando para que no se queme el fondo.

3• Retirar del fuego y dejar enfriar. Una vez frío, incorporarle las yemas.

4• Colocar en una budinera acaramelada y cocinar en el horno a baño de María, durante 1 hora, hasta que la preparación esté casi firme. Dejar enfriar bien antes de desmoldar.

CONSEJOS

▼ *No batir nunca los huevos o yemas, sino ligarlos con el resto de los ingredientes.*

▼ *El agua del baño de María debe alcanzar las 3/4 partes del recipiente.*

▼ *Es bueno taparlos con papel de aluminio para que no se sequen.*

FLAN DE DULCE DE LECHE

(12 porciones)

INGREDIENTES

2 litros de leche
1 kg de azúcar
18 yemas
Chaucha de vainilla
Azúcar para el caramelo

1 • Poner al fuego la leche con el azúcar y la chaucha de vainilla, hasta que se reduzca a la mitad.

2 • Apagar el fuego y, una vez frío, incorporarle las yemas. Cocinar a baño de María en molde acaramelado o moldes individuales, en horno precalentado moderado durante 1 hora y media aproximadamente.

CONSEJOS

▼ *No colar la preparación de las yemas.*

▼ *Colocar en el fondo de la cacerola un platito dado vuelta, para que vaya girando con la leche y no permita que ésta hierva y se derrame.*

▼ *El platito también se utiliza para cuando se hace dulce de leche, porque reemplaza a la cuchara de madera revolviendo en forma de ocho.*

$\mathcal{S}$OUFFLÉ DE DULCE DE LECHE

(10 porciones)

INGREDIENTES

1 kg de dulce de leche
10 yemas
10 cucharadas de azúcar
10 claras
1 pizca de sal

1 • Enmantecar y azucarar un molde para *soufflé*.

2 • Aparte, mezclar el dulce de leche, luego las yemas batidas con el azúcar a punto letra, y por último las claras batidas a nieve con la pizca de sal.

3 • Llevar a horno moderado a fuerte, y cocinar a baño de María durante 30 minutos aproximadamente.

CONSEJOS

▼ *Utilizar dulce de leche pastelero.*

▼ *Es facilísimo e ideal para sacar de apuros.*

▼ *Queda muy bien con crema inglesa (véase pág. 62).*

NARANJAS GLASEADAS

(4 porciones)

INGREDIENTES

4 naranjas
1 y 1/2 taza de azúcar
1 y 1/2 taza de agua + 1/4 de taza adicional
2 cucharaditas de limón
2 cucharadas de Grand Marnier

1• Con un pelador de vegetales, filetear dos naranjas sacándoles todo el resto blanco a las cáscaras. Cortar en juliana y con un cuchillo filoso quitar a las naranjas todo el resto blanco. Cortarlas horizontalmente en cuatro tajadas, rearmarlas y sujetarlas con palillos. Colocar las cáscaras en un pequeño recipiente, cubiertas con agua; llevarlas a ebullición y dejarlas hervir destapadas durante 10 minutos. Luego colarlas.

2• Combinar azúcar y agua en el mismo recipiente; llevar al fuego hasta que el azúcar se disuelva, y agregar las tiras de cáscara. Hervir el almíbar, destapado, durante aproximadamente 10 minutos o hasta que las tiras de las cáscaras estén transparentes, bien glaseadas. Sacarlas enseguida del recipiente y colocarlas en un plato ligeramente aceitado.

3• Colocar el recipiente de nuevo en el fuego; hervir el almíbar, destapado, durante aproximadamente 5 minutos, o hasta que tome color marrón dorado pálido. Rápidamente agregar más agua, para disolver el caramelo, sin que quede nada de él en el fondo del recipiente.

4• Sacar del fuego, dejar enfriar por unos minutos; agregar el Grand Marnier y el jugo de limón y revolver. Dejar enfriar el almíbar durante 5 minutos, volcar el jarabe enfriado sobre las naranjas, agregar las cáscaras glaseadas y cubrir con una lámina plástica. Dejar enfriar varias horas o toda la noche.

5• Servir las naranjas (sin los palillos), cubiertas con las tiras de cáscara y con algo de reducción de naranjas.

CONSEJO

▼ *Utilizar naranjas sin semillas.*

$\mathcal{R}$OLLITOS DE NARANJAS GLASEADAS

(36 rollitos)

INGREDIENTES

6 naranjas grandes
6 tazas de azúcar
6 tazas de agua
2 cucharadas de jugo de limón
Ralladura de 2 naranjas

1 • Separar en 6 segmentos la cáscara de cada naranja, retirar la piel y utilizar la pulpa para otra cosa.

2 • Enrollar cada segmento, agujerearlo con un escarbadientes y pasar un hilo por cada una.

3 • Ubicarlos en una cacerola con agua fría y poner a hervir. Secar inmediatamente. Repetir el hervido y secado tres veces más poniéndolos cada vez en agua fría.

4 • Colocar el azúcar con 6 tazas de agua y dejar hasta que el azúcar se disuelva. Añadir el jugo de limón y dejar descubierto 5 minutos. Agregar los rollitos y dejar sin cubrir 10 minutos. Retirar del fuego y enfriar.

5 • Poner a hervir y dejar descubierto hasta que el almíbar se espese. Colocar los rollitos en un frasco esterilizado y sobre ellos el almíbar todavía caliente.

CRÊPES SOUFFLÉES
DE NARANJAS

(20 crêpes)

INGREDIENTES

CRÊPES

5 huevos
2 tazas de leche
1 taza de harina
1 cucharada de azúcar impalpable
1 pizca de sal
20 g de manteca derretida

RELLENO

1 y 1/2 litro de jugo de naranja
1/2 litro de jugo de pomelo
1 vaso de Cointreau
1 kg de azúcar
20 claras

1• Licuar todos los ingredientes, incorporar por último la manteca derretida y hacer las *crêpes* (véase página 92).

2• Para preparar el relleno, poner a reducir en una cacerola 1 litro de jugo de naranja, 1 vaso de Cointreau, 500 g de azúcar por un lado. Aparte, reducir 1/2 litro de jugo de naranja, 1/2 litro de jugo de pomelo y 1/2 kg de azúcar.

3• En el momento de servir, batir las claras a nieve (aproximadamente 1 por *crêpe*) y mezclar con la primera reducción (la de naranja).

4• Rellenar cada *crêpe* y colocarlas, dobladas por la mitad, en una asadera enmantecada, en horno de moderado a fuerte. Una vez que se inflaron, disponerlas sobre un plato bañado con el fondo de la segunda reducción.

5• Servir calientes.

NOTA

▼ *Se pueden acompañar con helado de crema.*

COULIBIAC

(15 porciones)

INGREDIENTES

MASA DE BRIOCHE
25 g de levadura
1 cucharada de azúcar
1/2 taza de leche tibia
500 g de harina
15 g de sal
150 g de manteca blanda
3 huevos
Leche tibia, cantidad necesaria

CRÊPES
2 tazas de leche
1 taza de harina
5 huevos
1 pizca de sal
50 g de manteca

RELLENOS
500 g de ciruelas; 1/2 tazón de azúcar
500 g de frutillas; 1/2 tazón de azúcar
500 g de damascos; 1/2 tazón de azúcar
500 g de peras o manzanas; 1/2 tazón de azúcar

PARA ACOMPAÑAR
300 g de grosellas, frambuesas frescas
1/2 kilo de sabayón de champaña o helado de sabayón

1• Preparar la masa de brioche según las indicaciones de página 94. Dejar leudar 1 hora antes de utilizarla.

2• Hacer las *crêpes* bien finitas según las indicaciones de página 92 y cocinarlas de un solo lado.

3• Hacer un sabayón según las indicaciones de página 58; saborizar con champaña y dejar enfriar.

4• Cocinar las frutas por separado, sólo con el azúcar, para que desprendan su propio jugo. Evitar que se desarmen. Escurrrirlas bien y dejar enfriar.

5• Para armar el postre, estirar bien la masa de *brioche* en forma de rectángulo de 30 cm x 40 cm. Sobre ella, en el centro, colocar 3 *crêpes,* superponiéndolas un poco.

6• Sobre ellas, colocar el relleno de peras o manzanas. Luego poner otra capa de *crêpes* y cubrirla con el relleno de ciruelas. Continuar con otra capa de *crêpes* y el relleno de damascos. Finalizar con una capa de *crêpes,* el relleno de frutillas y una última capa de *crêpes* para ubrir la fruta por completo.

7• Envolver con la masa de *brioche,* cerrando de uno y otro lado y colocando los extremos hacia abajo (como si fuera un paquete).

8• Envolver en papel de aluminio el mango de una cuchara de madera y hundirlo en el centro del *coulibiac.* Dejar el appel y retirar la cuchara. De este modo se forma una "chimenea" que permite la evaporación, sin que ésta dañe la forma del postre.

9• Cocinar en una placa enmantecada durante 30 minutos, en horno precalentado, de moderado a fuerte.

10• Servir caliente, acompañado de sabayón de champaña o helado de sabayón y las frutas rojas.

$\mathcal{P}$ANQUEQUES DE MANZANA

(4 porciones)

INGREDIENTES

PASTA BÁSICA
4 huevos
1 taza de harina
1 taza de leche
1 pizca de azúcar

RELLENO
2 manzanas verdes en rebanadas
Ralladura de 1 limón
Manteca y azúcar, cantidad necesaria

1• Preparar la pasta para panqueques procesando todos los ingredientes juntos. Dejar reposar en la heladera durante 1/2 hora antes de utilizar.

2• Poner manteca en una sartén y derretirla. Una vez derretida, volcar un cucharón de la pasta.

3• Antes que se seque, cubrir con manzanas espolvoreadas con azúcar y ralladura de limón.

4• Colocar otro cucharón de pasta y continuar la cocción hasta que se seque. Dar vuelta sobre una placa enmantecada.

5• Aparte, hacer un caramelo en la sartén y deslizar el panqueque de un lado y luego del otro. Servir enseguida.

$\mathcal{A}$PFELSTRUDEL

(10 porciones)

INGREDIENTES

MASA DE STRUDEL *(véase página 86)*

RELLENO
2 kilos de manzanas verdes o Golden o Rome
1 tazón de azúcar
100 g de nueces
50 g de harina *(para unir el relleno)*
50 g de pasa de uva
1 pizca de canela
Bizcochos molidos
Manteca derretida

1• Preparar la masa de *strudel* como se indica en la página 86 y dejarla reposar 1/2 hora en la heladera.

2• Preparar el relleno con las manzanas cortadas bien finas, las nueces picadas, las pasas de uvas, el azúcar y la canela.

3• Estirar la masa bien fina (que se pueda leer el diario a través de ella) y recortarle los bordes. Acomodarla sobre un paño limpio y pintarla con la manteca derretida. Espolvorearla con los bizcochos molidos y colocar el relleno sobre un costado, dejando un borde de 5 cm de cada lado.

4• Con ayuda del paño, enrollar la masa, a la cual se le doblarán los bordes para adentro. Una vez terminado, pintarlo con manteca derretida y espolvorearlo con azúcar. Cocinarlo en una placa enmantecada, en horno moderado, durante 45 minutos aproximadamente.

CONSEJOS

▼ *No apurarlo, para que se cocinen bien las manzanas.*

▼ *Una vez estirada la masa, armar inmediatamente, para evitar que se seque.*

▼ *También se puede repartir el relleno por toda la masa y luego enrollar, pero no quedará tan crocante.*

STRUDEL DE QUESO BLANCO

(12 porciones)

INGREDIENTES

MASA DE STRUDEL *(véase página 86)*

RELLENO
1 kg de ricota o queso blanco
200 g de azúcar
30 g de manteca blanda
2 huevos
2 yemas de huevo
Ralladura de cáscara de limón
50 g de pasas de uva
100 g de manteca fundida para pintar
100 g de azúcar impalpable

1• Preparar la masa de *strudel* según las indicaciones de página 86 y dejarla reposar durante 1/2 hora en la heladera.

2• Trabajar el azúcar, la manteca, los huevos enteros y las yemas hasta que la mezcla quede cremosa. Incorporar la ralladura de limón y las pasas. Agregar la ricota.

3• Estirar bien fina la masa, cortar los bordes y pintar con la manteca derretida; espolvorear con bizcochos molidos. Poner el relleno en un costado dejando un borde limpio.

4• Enrollar, doblar los bordes y poner en una placa enmantecada con la abertura hacia abajo. Pintar nuevamente con manteca y llevar a horno moderado de 45 a 55 minutos. Espolvorear con azúcar impalpable.

CONSEJOS

▼ *Si la ricota tiene mucho suero, conviene dejarla drenar en un colador con un paño para que el relleno quede bien seco.*

▼ *Las pasas de uva deben estar pasadas por harina.*

$\mathcal{S}$TRUDEL DE CEREZAS

(12 porciones)

INGREDIENTES

MASA DE STRUDEL *(véase página 86)*

RELLENO
1 kg de cerezas
1 tazón de azúcar rubia
1 cucharada de canela
1 taza de almendras tostadas y procesadas
Manteca, y azúcar para espolvorear

1 • Preparar la masa siguiendo las indicaciones de la página 86 y dejar descansar durante 1/2 hora.
2 • Descarozar las cerezas y mezclarlas con el azúcar y la canela.
3 • Extender la masa bien finita, como papel, y luego colocarla sobre un mantel limpio espolvoreado con harina.
4 • Pincelar la masa con manteca; espolvorearla con las almendras y sobre un costado colocar la preparación de cerezas. Con la ayuda del mantel, arrollar.
5 • Pincelar el *strudel* con manteca y espolvorear con azúcar.
6 • Cocinar en horno precalentado a 200° C, durante 25 minutos aproximadamente, hasta que esté bien acaramelado.

CONSEJOS

▼ *Queda muy rico caliente y con helado, o frío acompañado con crema.*
▼ *No dejar la masa durante mucho tiempo sin pincelar, porque se secará.*
▼ *Las cerezas pueden reemplazarse con ciruelas.*

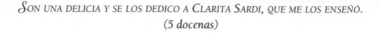

KNISHES CLARITA

Son una delicia y se los dedico a Clarita Sardi, que me los enseñó.
(5 docenas)

INGREDIENTES

MASA
1/2 kilo de harina
1 cucharada de sal
3 cucharadas de aceite
50 g de manteca
Agua tibia, cantidad necesaria

RELLENO 1
500 g de ricota bien seca
1 taza de azúcar rubia
Ralladura de 1 limón
1 taza de pasas de uva
Bizcochos molidos para
  espolvorear

RELLENO 2
500 g de dulce de membrillo
2 cucharadas de oporto
1 taza de nueces procesadas
Almendras molidas y tostadas
  para espolvorear

1 • Preparar la masa de *strudel*, según las indicaciones de página 86. Dejarla bien finita y formar un círculo grande que seguramente abarcará toda la mesada y posiblemente la del vecino también (la mesada debe estar espolvoreada con harina).

2 • Pincelar la masa con aceite o manteca clarificada (derretida sin hervir, la parte que permanece en la superficie es la manteca clarificada).

3 • Colocar el relleno en forma de cordón, dejando 3 cm de distancia desde el borde (dibujo 1).

4 • Levantar ese borde libre de relleno y comenzar a arrollar el cordón, a su vez estirando la masa, siempre en redondo (dibujo 2). La masa se irá afinando hasta romperse en el medio por sí sola (dibujo 3).

5 • Una vez obtenido este cordón gigante, con el canto de la mano pasado por harina, cortar porciones de 4 cm de largo (dibujo 4), bien sellados en los extremos.

6 • Separar los *knishes*, apoyarlos sobre uno de sus extremos y aplastarlos apoyando el dedo sobre el otro (dibujo 5), para que queden bien redonditos.

7• Pincelar ligeramente con aceite antes de meterlos al horno, y espolvorearlos con azúcar impalpable.

8• Cocinar en horno precalentado, de moderado a fuerte, durante 25 minutos, hasta que se cocine su masa, que es muy finita.

RELLENO 1

1• Escurrir bien la ricota sobre un chino (véase Glosario) y mezclarla con los demás ingredientes.

2• Después de pincelar la masa con aceite, espolvorearla con los bizcochos molidos y distribuir el relleno.

RELLENO 2

1• Calentar el membrillo con el oporto, para ablandarlo, y pisarlo con un pisapuré. Mezclarlo con las nueces y la ralladura de limón; formar una masa bien compacta.

2• Después de pincelar la masa con aceite o manteca clarificada, espolvorearla con las almendras tostadas y procesadas y colocar el relleno.

CONSEJO

▼ *Para lograr* knishes *perfectos, hay que estirar la masa superfinita y pincelarla con el aceite o manteca para que esté bien elástica.*

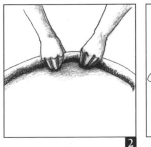

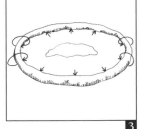

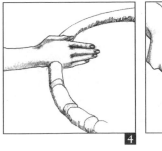

MANZANAS AL CALVADOS

(12 porciones)

INGREDIENTES

6 manzanas verdes
60 g de manteca
1 taza de azúcar blanca o rubia
1 vaso de Calvados
Helado, crema inglesa o crema chantillí

1• Cortar las manzanas en láminas finas, saltearlas con la manteca y cuando comiencen a ablandarse incorporar el azúcar; dejar sobre el fuego hasta que se forme un caramelo.
2• Incorporar el Calvados fuera del fuego y flambear.
3• Servir calientes, acompañadas con helado, crema inglesa (pág. 62) o crema chantillí.

CONSEJO

▼ *Utilizar siempre manzanas verdes.*

TARTELETAS DE FRUTAS GLASEADAS CON SABAYÓN

(6 porciones)

INGREDIENTES

PÂTE BRISÉE

250 g de harina
150 g de manteca blanda
1 huevo
1 pizca de azúcar
1 cucharadita de sal
1 cucharada de leche

SABAYÓN DIFERENTE

3 yemas
65 g de azúcar
50 ml de agua
75 ml de licor de naranjas, frambuesas, peras o vino blanco
1/2 sobre de gelatina

Frutas frescas: frambuesas, frutillas, kiwis, o cualquier fruta de estación

1 • Preparar la masa según las indicaciones de página 82. Extenderla sobre una tartera grande o sobre seis moldes para tarteletas individuales. Pinchar la masa, refrigerar 10 minutos y cocinar en horno moderado durante 15 minutos.

2• Preparar el sabayón de la manera habitual (véase página 58) y reservar.

3• Colocar las frutas sobre las tarteletas o la tarta cocida, cubrirlas con el sabayón y gratinar en la salamandra o con un soplete.

4• Decorar con hojas de menta.

NOTAS

▼ *Para hacer el sabayón se procede de igual manera que con el sabayón común.*

▼ *A mí me encantan con sabayón al Cointreau.*

FRUTILLAS FLAMBEADAS CON COINTREAU Y CALVADOS

(4 porciones)

INGREDIENTES

1/4 kg de frutillas limpias y escurridas
40 g de manteca
3 cucharadas de azúcar
1 taza de jugo de naranja
1 copita de Cointreau
1 copita de Calvados
Ralladura de 1/2 naranja

1• En una sartén poner la manteca y cuando haga espuma agregar el azúcar. Cuando el azúcar con la manteca se transformen en un caramelo, agregar el jugo de naranjas y dejar reducir. Después agregar la ralladura de naranja.

2• En otra sartén flambear las frutillas con Cointreau, el Calvados y un poquito de manteca. Agregar a la salsa y calentar sólo en el momento de servir.

3• Acompañar con helado de crema americana.

CONSEJO

▼ *Se puede poner una pizca de pimienta, que resalta el sabor de las frutillas.*

FRUTILLAS FLAMBEADAS EN CANASTITAS DE MASA DE TUILLES

(20 porciones)

INGREDIENTES

FRUTILLAS (Véase Frutillas flambeadas al Cointreau, página 224)

MASA DE TUILLES
200 g de manteca blanda
10 cucharadas de azúcar impalpable al ras
10 cucharadas de harina tamizada
Ralladura de un limón
5 claras

Peluquitas de caramelo (con 2 tazas de azúcar)

1 kg de helado de vainilla

1• Con cuchara de madera trabajar la manteca con el azúcar impalpable. Incorporarle la harina, la ralladura de limón y por último las claras sin batir. Queda una crema; ponerla a enfriar una hora en la heladera.

2• Enmantecar y enharinar una placa en la parte de atrás. Poner cucharadas de pasta y extender con la yema de los dedos o con la base de una cuchara.

3• Cocinar en horno precalentado un poco fuerte hasta que empiecen a dorarse los bordes y estén cocidas. Cuidado con el horno.

4• Recién sacadas del horno levantarlas y colocarlas sobre vasos dados vuelta; apretarlas. Dejar secar.

5• Hacer un caramelo con el azúcar e ir probando con un tenedor hasta que el hilo sea continuo.

6• Para preparar las peluquitas, ir cruzando sobre un cucharón hilos de caramelo, tratando siempre de que sean finitos; una vez que esté bien formada y fría, retirar del cucharón. Repetir hasta completar la cantidad necesaria.

7• Para armar el postre, colocar cada tulipa sobre el plato, ponerle una bola de helado y las frutillas calentitas (tratar de que no caiga salsa dentro). Cubrir con la peluquita de caramelo y decorar con una hoja de menta.

CANASTAS CROCANTES CON DURAZNOS

(12 porciones)

INGREDIENTES

MASA
150 g de manteca
150 g de azúcar
150 g de miel de maíz
150 g de harina
1 cucharadita de jengibre

DURAZNOS
12 duraznos chicos
1 taza de vino blanco
1 taza de agua
1 taza de azúcar
1 rama de canela

Crema de duraznos helada

1• Para las canastas, disolver sobre el fuego el azúcar, la manteca y la miel de maíz. Retirar y agregar la harina y el jengibre y lograr una pasta. Extender cada uno con los dedos sobre la parte de atrás de una placa enmantecada y enharinada de forma circular del tamaño de un plato de postre.

2• Cocinar en horno de temperatura máxima hasta que comiencen a dorarse; en ese momento retirar y dejar a temperatura ambiente hasta que se puedan moldear con las manos; colocar sobre vasos dados vuelta.

3• Dejar enfriar sobre los vasos y guardar en un lugar seco.

4• Para los duraznos, hacer un almíbar con el agua, el vino, la canela y el azúcar. Sumergir unos minutos los duraznos (no muy maduros) lavados, con cáscara. Cuando se aflojan la cáscara, retirársela. Dejar enfriar.

5• Para armar el postre, colocar sobre un plato la canastita y, en su interior, la crema helada de duraznos, los duraznos enteros y, si se desea, un chorrito de caramelo.

ℐNICKERS PIE

(1 y 1/2 docena)

INGREDIENTES

MASA

2 y 1/2 tazas de harina
3 cucharadas de azúcar
240 g de manteca
2 yemas
1/4 de taza de agua fría

GANACHE DE CHOCOLATE
240g de chocolate cobertura
  semiamargoen trozos
1 taza de crema
1 taza de castañas de cajú tostadas
4 tazas de castañas de cajú tostadas

RELLENO

6 huevos
2 tazas de azúcar
2 tazas de miel de maíz
4 cucharadas de manteca derretida

1 taza de manteca de almendras (45 g
  de manteca, 1 y 1/2 taza de almendras peladas y tostadas y 1/2 taza
  de miel)
1 taza de salsa de caramelo sin nueces
(pág. 258)

1• Combinar la harina y el azúcar, en el centro colocar la manteca, las yemas y unir todo con la punta de los dedos formando una masa. Agregar agua fría si fuera necesario.

2• Estirar la masa en una tartera de 30 cm de diámetro, refrigerar 20 minutos y cocinar en horno precalentado moderado durante 25 minutos.

3• Para preparar el rellno batir los huevos y gradualmente incorporar el azúcar, continuar batiendo, agregar la miel de maíz y la manteca derretida batiendo siempre.

4• Cubrir la masa de tarta con las castañas, sobre ellas la preparación del punto 3 y cocinar en horno de temperatura moderada durante 40 minutos. Cubrir con papel de aluminio y cocinar 40 minutos más.

5• Una vez fría untar la tarta con una capa fina de manteca de almendras (se prepara procesando todos los ingredientes juntos) y sobre ella la salsa de caramelo. Refrigerar una hora.

6• Preparar la *ganache* según las indicaciones de página 259, cubrir la tarta y decorar con las castañas.

DAMASCOS AL BRANDY CON HELADO DE DAMASCOS

(8 porciones)

INGREDIENTES

1 lata de damascos o 500 g de damascos frescos
4 cucharadas de azúcar
4 cucharadas de brandy
1 cáscara de naranja de 5 cm
1 taza de jugo de naranjas

Helado de damascos
Almendras tostadas

1• Si los damascos son frescos, cocinarlos en un almíbar de 600 cc de agua y 400 g de azúcar hasta que estén tiernos. Escurrirlos bien.
2• Combinar los demás ingredientes (sin el brandy) en un bol grande y poner al fuego durante 15 minutos.
3• Retirar del fuego, incorporar los damascos y el brandy y dejar en la heladera toda la noche para que se macere.
4• Para armar, disponer en copas los damascos con su jugo, luego el helado de damascos y decorar con almendras fileteadas y tostadas.

NOTA

▼ *Puede variarse el sabor del helado.*

GRANIZADO DE LIMÓN

(6 porciones)

INGREDIENTES

1 taza de azúcar
1 taza de vino blanco
1 taza de agua
1 taza de jugo de limón
2 claras

1 • Hacer un almíbar con el azúcar, el agua y el vino hasta que se disuelva el azúcar; luego incorporar el jugo de limón.

2 • Llevar al freezer hasta que se endurezca; por último incorporar las 2 claras y volver a procesar.

NOTA

▼ *Puede servirse acompañado por licor de limón (pág. 253). En este caso, en la preparación reemplazar el vino por agua.*

$\mathcal{P}$OSTRE PARÍS BREST

(6 porciones)

INGREDIENTES

PÂTE AU CHOUX
(para 800 g)
1/4 litro de leche y agua por partes iguales
110 g de manteca
5 g de sal
140 g de harina
5 huevos
20 g de azúcar impalpable

RELLENO CLÁSICO
250 g de crema pastelera (véase página 56)
1 taza de azúcar
3/4 de taza de almendras

1• Calentar el horno a 220° C.
2• Poner en una cacerola la mezcla de agua y leche, la sal, el azúcar y la manteca. Calentar suavemente y cuando empiece a hervir agregar la harina de golpe. Revolver fuertemente con una cuchara de madera hasta formar una pasta homogénea.
3• Retirar del fuego y agregar los huevos de a uno, siempre revolviendo (puede utilizarse la batidora).
4• Poner la pasta en la manga y con un pico de boca lisa formar un círculo de alrededor de 20 cm de diámetro, sobre una placa enmantecada y enharinada. Cocinar 15 minutos en horno fuerte y 15 minutos en horno bajo.
5• Para preparar el praliné, colocar el azúcar en una sartén. Cuando empiece a tomar color caramelo, agregarle las almendras.
6• Una vez logrado este caramelo, volcar la mezcla sobre una mesada aceitada; ir enfriando con una paleta y picar bien.
7• Mezclar con la crema pastelera y rellenar el París Brest.

CONSEJO

▼ *La crema pastelera debe estar bien fría para mezclarla con el praliné.*

$\mathcal{H}$IGOS GRATINADOS

(4 porciones)

INGREDIENTES

4 higos frescos y bien maduros
50 cc de jugo de naranjas
100 g de azúcar
150 cc de crema
2 cucharadas de ron
1 cucharada de canela
500 g de helado de vainilla

1 • Reducir el jugo de naranjas con la mitad del azúcar. Desglasar (véase Glosario) con la crema y el ron.

2 • Lavar los higos, cortarlos en cuartos y colocarlos en platos para servir. Salpicarlos con el azúcar restante, incorporarles la crema de naranjas. Espolvorearlos con canela y gratinarlos con soplete o en el grill.

3 • Acompañarlos con helado.

ℬANANA SPLIT CON HELADO DE CHOCOLATE

(6 porciones)

INGREDIENTES

BIZCOCHUELO DE CHOCOLATE

5 huevos

150 g de azúcar

40 g de cacao

40 g de harina

15 g de manteca derretida

15 ml de brandy

2 huevos

1 cucharadita de esencia de vainilla

160 ml de leche

30 ml de brandy

2 cucharaditas de esencia de vainilla

20 g de azúcar rubia

20 g de manteca

6 bananas baby

1 pizca de canela

30 ml de brandy

Crema inglesa (pág. 62)

Helado de chocolate

1• Para el bizcochuelo, batir los huevos y el azúcar a punto letra (véase pág. 18), incorporar en forma de lluvia la harina y el cacao envolviendo la preparación. Por último agregar la manteca derretida y el brandy.

2• Cocinar en horno moderado durante aproximadamente 30 minutos. Cuando esté listo, desmoldarlo y romperlo en trozos; mezclarlo con la preparación siguiente.

3• Batir apenas los huevos con la leche, el brandy y la esencia. Mezclar todo y colocarlo en un molde de budín inglés. Cocinarlo hasta que esté sequito. Una vez frío, desmoldarlo y dividir en seis rectangulitos.

4• Aparte, en una sartén, dorar las bananas con el azúcar y la manteca; agregarles un chorrito de esencia, el brandy y, si se desea, flambearlas.

5• Para armarlo, sobre cada rectángulo de chocolate colocar una banana, sobre ésta el helado y un copete de crema chantillí. Decorar con unas láminas de coco y acompañar con crema inglesa y castañas acarameladas.

DULCES

El arte de elaborar dulces y mermeladas puede transformar un simple té en una maravillosa mesa llena de cosas ricas.

Se llenará la casa de aromas deliciosos y la heladera se convertirá en una reserva de sabores.

Utilizar las frutas de estación permitirá aprovecharlas en su mejor punto y también resultará un ahorro para la economía familiar.

Yo pongo mucho amor al realizar estos dulces; la mejor recompensa es ver las caras de mis seres queridos cuando los saborean.

$\mathcal{M}$ateriales necesarios

- Una cacerola con capacidad para 10 litros, más o menos; preferentemente de aluminio, o paila de cobre grande cuando la receta lo requiera.
- Una cuchara de madera.
- Una espumadera.
- Una espátula de goma.
- Un chino.
- Unos pedazos de gasa de 50 x 50 cm.

$\mathcal{E}$sterilización de frascos

- Colocar los frascos en una cacerola, cubrirlos de agua y llevar a hervor durante 10 minutos.
- Retirarlos con una pinza y colocarlos sobre un repasador limpio con la boca para abajo y dejar que se sequen bien por dentro. Si no, ponerlos, con la boca para arriba, durante 10 minutos en horno suave.
- Sin dejarlos enfriar, llenarlos con la mermelada caliente, cerrarlos bien y poner de nuevo en la cacerola con agua, cuidando que ésta no cubra la tapa. Llevar a ebullición otros 10 minutos, dejar enfriar y retirar.

$\mathcal{P}$unto de cocción

- Cuando el dulce o la mermelada comience a despegarse de la cacerola, poner un poco en un plato y llevar al freezer hasta que se enfríe.
- Para comprobar si el dulce ha alcanzado su punto adecuado, sacar un poco, ponerlo en un platito y dejarlo enfriar. Si al mover el plato el dulce no corre, está listo. También se puede comprobar pasando un dedo por el centro de la superficie del dulce enfriado, que habrá formado una capa de mayor consistencia; si los bordes se arrugan y el centro no se vuelve a unir, el dulce está en su punto.
- Antes de envasar, retirar la espuma de la superficie.

Consejos

- Utilizar siempre los ingredientes más frescos y de mejor calidad.
- Utilizar frutas de estación; son más baratas y mejores durante su temporada.
- Pesar bien tanto la fruta como el azúcar.
- Esterilizar bien los frascos, para su mejor conservación.
- Respetar cantidades y punto de cocción.
- **Cucharas de madera**: Elegir las de mango largo, para evitar salpicaduras de la preparación caliente.
- **Coladores y tamices**: Utilizar los de plástico, ya que los de metal pueden dar a la preparación un sabor desagradable.
- Para extraer los carozos de las frutas, emplear un cuchillo filoso. Cortar la fruta en dos por la hendidura natural que suele presentar. Luego, con ambas manos, retorcer las mitades con un movimiento seco, para aflojar el carozo, que así se puede sacar con facilidad.

MERMELADA DE CIRUELAS

(3 frascos grandes o 6 frascos chicos)

INGREDIENTES

3 kg de ciruelas
azúcar, cantidad necesaria

1 • Lavar bien las ciruelas, cortarlas por la mitad y retirarles el carozo.

2 • Pesarlas, colocarlas dentro de una cacerola junto con el azúcar (800 g por kg de fruta). Acomodar por capas y dejar varias horas hasta que el azúcar se disuelva y el líquido cubra las ciruelas.

3 • Llevar a fuego fuerte. Cuando comience a espesar, revolver con cuchara de madera. Espumar unos minutos, antes de que obtenga el punto de mermelada. Debe despegarse de la cacerola; también puede hacerse la prueba del platito (véase página 234).

CONSEJO

▼ *Cocinar en cacerola de cobre si se desea que conserve el color.*

MERMELADA DE DURAZNOS

(3 frascos grandes o 6 frascos chicos)

INGREDIENTES

3 kg de duraznos
Azúcar, cantidad necesaria

1• Pelar los duraznos, cortarlos por la mitad y quitarles el carozo. Cortar las mitades en trocitos pequeños.

2• Pesar la fruta y colocarla por capas en una cacerola con el azúcar (800 g por kg de fruta). Dejar reposar hasta que el líquido cubra la pulpa.

3• Llevar a fuego fuerte y cuando comience a espesar revolver hasta obtener el punto justo.

4• Espumar unos minutos antes de que alcance su punto. Envasar.

CONSEJO

▼ *En lo posible, elegir duraznos amarillos.*

MERMELADA DE NARANJAS

(4 frascos grandes)

INGREDIENTES

3 kg de naranjas
Azúcar, cantidad necesaria

1• Pelar las naranjas; cortar las cáscaras en tiritas finas, bien parejas. De cada naranja cortar la pulpa y dejar la parte central con las semillas. Todos los centros y semillas envolverlos en una gasa bien atada y junto con toda la pulpa y las cascaritas colocar en una cacerola.

2• Cubrir todo con agua hasta el borde y dejar cocinar, tapado, hasta que las cascaritas estén tiernas.

3• Retirar el envoltorio de gasa y agregar el azúcar (1 kg por cada litro de preparación).

4• Llevar a fuego fuerte hasta obtener el punto deseado.

CONSEJOS

▼ *Para que la mermelada no resulte amarga, retirar bien la piel blanca de las cáscaras.*

▼ *No olvidar espumar.*

LEMON CURD

EL SABOR FUERTE DE ESTA CREMA PROVIENE DEL LIMÓN, Y SU CONSISTENCIA SUAVE Y DELICIOSA, DE LA COMBINACIÓN DE HUEVOS FRESCOS, MANTECA Y AZÚCAR REFINADA. SE UTILIZA PARA UNTAR TOSTADAS O RELLENAR TARTAS O TORTAS.

(5 frascos chicos)

INGREDIENTES

6 a 8 limones grandes y jugosos (300 ml)
225 g de manteca
575 g de azúcar impalpable
5 huevos

1• Rallar la cáscara de limones y exprimir el jugo. Colocar en un bol la manteca, el azúcar, la ralladura y el jugo de limón. Llevar a baño de María, sin que el recipiente toque el agua.

2• Batir aparte los huevos y agregar a la mezcla de limón, batiendo constantemente.

3• Cocinar a fuego bajo, siempre a baño de María, hasta que la mezcla espese. No debe hervir, porque se corta.

4• Verter el *curd* en frascos esterilizados si se desea guardar; de lo contrario, dejar enfriar y rellenar la tarta o torta.

NOTA

▼ *Se puede hacer con jugo de naranja en lugar de jugo de limón.*

DULCE DE TOMATE

ÉSTE ES EL DULCE QUE HACÍA MI BISABUELA EN LOS MESES DE ENERO A FEBRERO, CUANDO SE CONSIGUEN ESOS HERMOSOS TOMATES RIOPLATENSES, PREFERENTEMENTE DE HUERTA. TIENEN QUE ESTAR EN SU PUNTO JUSTO, BIEN COLORADOS, MADUROS PERO FIRMES.

(8 frascos chicos)

INGREDIENTES

3 kg de tomates
Azúcar, cantidad necesaria
Clavos de olor

1• Hacer una cruz en la parte de atrás de cada tomate; sumergirlos en agua hirviendo, retirar y colocar en un recipiente con agua fría, para cortar el proceso de cocción.

2• Pelar y cortar por la mitad, retirar las semillas con una cucharita y colocar boca abajo para que escurran.

3• Pesar los tomates y luego la misma cantidad de azúcar. Poner en una cacerola grande, por capas, primero tomates y después azúcar. Poner entremezclados los clavos de olor (a gusto). Dejar descansar 2 horas hasta que el azúcar se disuelva y los tomates se cubran de liquído.

4• Llevar a fuego fuerte. Cuando comience a espesar, empezar a revolver con cuchara de madera hasta que tomen el punto justo de cocción. Unos minutos antes, pasar la espumadera por la superficie del dulce.

CONSEJOS

▼ *Si se desea un dulce para untar, más liso, cortar las mitades escurridas en cuatro partes.*

DULCE DE MEMBRILLO EN CASCOS

(3 frascos grandes o 6 chicos)

INGREDIENTES

2 kg de membrillos
Azúcar, cantidad necesaria

1• Poner agua a hervir en una cacerola grande, agregar los membrillos previamente lavados. Dejar hervir unos minutos y retirar.

2• Pelar y cortar en cuartos, retirar las semillas, que, junto con las cáscaras, se reservan para hacer la jalea.

3• Pesar los cuartos de membrillo y luego pesar la misma cantidad de azúcar. Colocar el azúcar en una cacerola, cubrir con agua y llevar al fuego. Cuando rompa el hervor, colocar los cuartos de membrillo y cocinar hasta que estén bien tiernos y el almíbar espeso.

4• Espumar y envasar.

CONSEJO

▼ *Para que no se cristalicen, antes de terminar la cocción agregar el jugo de 1 limón.*

JALEA DE MEMBRILLO

1• Colocar las cáscaras y las semillas en una cacerola con agua hasta el borde. Dejar hervir hasta que la preparación se reduzca hasta la mitad de su volumen.

2• Pasar todo por un chino forrado con gasa. Medir la cantidad de liquido obtenido y agregar azúcar en una proporción de 1 kilo por litro.

3• Poner todo en una cacerola y llevar a hervor hasta obtener el punto justo (prueba del platito, pág. 234). Unos minutos antes, espumar bien.

DULCE DE MEMBRILLO (PARA PASTAFROLA)

INGREDIENTES

Membrillos limpios y descarozados
Igual cantidad de azúcar

1 • Poner agua a hervir y colocar los membrillos. Una vez que hiervan, retirarlos, pelarlos y quitarles las semillas. Escurrirlos y pesarlos.

1 • En una cacerola colocar el azúcar (igual peso que el de los membrillos) cubierta de agua y cuando ésta hierva echar los membrillos hasta lograr el punto.

DULCE DE ZAPALLO

(10 frascos grandes)

INGREDIENTES

1 zapallo, en lo posible de Angola
Cal viva
Azúcar, cantidad necesaria
2 chauchas de vainilla

1 • Pelar el zapallo y cortar rectangulitos de 4 cm x 3 cm.

2 • Poner unos pedazos de cal viva en un bol con agua, sumergir los trozos de zapallo y dejar un par de horas. Lavarlos bien y pincharlos con un tenedor. Pesarlos y pesar la misma cantidad de azúcar.

3 • Aparte, colocar el azúcar en una cacerola, cubrir con agua, agregar las chauchas de vainilla y llevar a ebullición. Dejar hervir unos minutos y colocar los trozos de zapallo. Cocinar a fuego vivo hasta que los trocitos de zapallo estén crocantes por fuera y bien blanditos por dentro.

4 • Para envasar, seguir las instrucciones indicadas en "Esterilización de frascos", en página 234.

NOTA

▼ *La cal viva se compra en los negocios importantes de repostería.*

$\mathcal{M}$ANTECA DE MANZANAS

(2 frascos grandes)

INGREDIENTES

3 kilos de manzanas
1 taza de sidra
2 y 1/2 tazas de azúcar
1/2 taza de azúcar rubia
2 cucharaditas de canela
2 cucharadas de jugo de limón

1• Pelar y cortar en 8 las manzanas. Colocar en una cacerola, agregar la sidra y tapar. Poner a cocinar sobre fuego mediano, revolviendo para que no se peguen. Cocinar durante 20 minutos con la cacerola tapada. Luego destapar y cocinar 10 minutos más.

2• Precalentar el horno. Agregar el resto de los ingredientes a las manzanas y volcar la preparación en una asadera. Cocinar de 3 a 4 horas, revolviendo de vez en cuando, hasta que la mezcla esté oscura y quede bien seca, sin nada de líquido alrededor.

3• Cuando esté caliente llenar los frascos dejando un espacio de un dedo hasta la tapa. Hervirlos y dejarlos enfriar. Guardar como mermelada.

NOTAS

▼ *Conservar como un dulce.*
▼ *Se puede servir acompañada por crema o helado.*

CARAMELOS DE LECHE

INGREDIENTES

250 g de azúcar
250 g de dulce de leche
2 cucharadas de glucosa
1 cucharadita de esencia de vainilla
4 cucharadas de crema
1/2 taza de agua

1 • Poner en un recipiente todos los ingredientes, mezclar y llevar a fuego fuerte. Revolver con cuchara de madera hasta que tome punto de bolita dura.
2 • Volcar sobre mármol o asadera, aceitados con aceite neutro; darle forma cuadrada y un espesor de 2 cm.
3 • Dejar enfriar y marcar los caramelos. Cortarlos y envolverlos en papel celofán.

CARAMELOS DE CHOCOLATE

INGREDIENTES

1 litro de leche
125 g de glucosa
1 tableta de chocolate rallado
1/2 kg de azúcar

1 • Poner en una cacerola, si es posible de cobre, todos los ingredientes. Mezclar y llevar al fuego. Revolver continuamente con cuchara de madera hasta que obtener el punto adecuado.
2 • Proceder del mismo modo que en "caramelos de leche", receta superior.

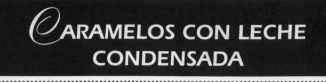

CARAMELOS CON LECHE CONDENSADA

INGREDIENTES

1 lata de leche condensada
1 lata de azúcar
1 lata de manteca
2 cucharadas de glucosa

1 • Mezclar todos los ingredientes en un bol y cocinarlos sobre el fuego, revolviendo continuamente hasta que la preparación espese.
2• Colocar en un molde enmantecado y guardar en la heladera.
3• Cortarlos antes de que endurezca totalmente y envolver en papel celofán.

VARIANTE

▼ *De chocolate: agregar 50 g de chocolate a la mezcla.*

CARAMELOS CROCANTES DE ALMENDRAS

INGREDIENTES

1 y 3/4 taza de azúcar
2 cucharadas de jugo de limón
155 g de almendras blanqueadas
1/4 de taza de glucosa
300 ml de crema

1 • Poner 1/2 taza de azúcar en una sartén con el jugo de limón. Cocinar a fuego moderado hasta que el azúcar se disuelva. Continuar la cocción hasta que tome un color dorado amarronado (6 a 8 minutos aproximadamente). No revolver.

2 • Retirar del fuego y agregar las almendras blanqueadas. Mezclar bien y volcar sobre un mármol untado con aceite neutro.

3 • Poner el resto de azúcar, la glucosa, crema en una cacerola grande (en lo posible de cobre), dejar hervir sobre fuego moderado y revolver; bajar la llama y continuar la cocción sin revolver, hasta que alcance el punto bolita (al dejar caer en agua fría una pequeña gota de este caramelo, debe formar una bolita). Este proceso llevará de 30 a 40 minutos. Cuidar que no se pase. (Si se usa termómetro, la temperatura adecuada es de 126° C.)

4 • Procesar las almendras acarameladas hasta que queden bien chiquitas, es decir, hacer un praliné.

5 • Mezclar ambas preparaciones y colocar el caramelo caliente en una placa aceitada de 28 x 18 cm.

6 • Una vez frío, cortar con un cuchillo filoso en barritas de 1 cm x 2,5 cm. Envolverlas en papel celofán.

CONSEJO

▼ *Para cortar, no dejarlo enfriar por completo.*

ℳougat de almendras

Ingredientes

2 tazas de azúcar
1 taza de glucosa
1/2 taza de miel
1/4 de cucharadita de sal
1/4 de taza de agua
2 claras de huevos medianos (60 gramos)
1 cucharadita de esencia de vainilla
125 g de manteca
60 g de almendras blanqueadas y tostadas

1• Colocar el azúcar, la glucosa, la miel, la sal y el agua en una sartén hasta que el azúcar se disuelva por completo. Llevar a punto de ebullición, cocinar hasta punto de bolita dura.

2• Batir las claras hasta que se formen picos. En forma de hilo, y sin dejar de batir, incorporarles 1/4 del almíbar.

3• Continuar batiendo hasta que la mezcla tenga forma, de 3 a 5 minutos aproximadamente; debe tener consistencia de merengue.

4• Cocinar el resto del almíbar durante 5 minutos más y colocarlo caliente sobre el merengue, en forma de hilo y sin dejar de batir, hasta que quede bien consistente.

5• Agregar la vainilla y la manteca en trozos. Batir hasta que esté bien durito (5 minutos, más o menos). Con una cuchara de madera incorporar las almendras y colocar en una placa de 28 x 18 cm, enmantecada, alisando la superficie con una espátula.

6• Colocar en la heladera hasta que se enfríe y con un cuchillo filoso cortar en barritas de 4 x 2,5 cm o en piezas grandes.

Nota

▼ *Se puede envolver en celofán o papel metalizado.*
▼ *Debe conservarse en frío.*

TRAGOS, LICUADOS, y SALSAS

En este capítulo final presento algunas recetas de bebidas: una manera diferente y exquisita de sorprender a los amigos o agasajar en ocasiones especiales. También he incluido algunas salsas y coulis, ideales para dar un toque original a postres y preparaciones dulces de toda clase.

TRAGO "MAGIC"

(4 copas)

INGREDIENTES

2 rodajas de ananá
1/4 kg de frutillas
2 vasos de jugo de pomelo rosado
1/2 botella de champaña espumante rosado
100 g de azúcar
Hielo picado

1 • Llevar todos los ingredientes juntos a una licuadora y licuar bien. Servir.

TRAGOS AMANECER

(3 vasos largos)

INGREDIENTES

60 cc de jugo de pomelo
40 cc de vodka
30 g de frambuesas frescas
Hielo picado

1 • Desmenuzar las frambuesas en los vasos.
2 • Mezclar el jugo de pomelo y la vodka con azúcar a gusto; agregar hielo triturado y batir.
3 • Servir.

FRUTA AMARGA

(2 copas)

INGREDIENTES

100 cc de jugo de uva
30 cc de grapa
Unas gotas de limón
Hielo triturado a gusto

1• Batir todo junto en coctelera y servir en copas flauta adornado con menta.

TRAGO PRIMAVERA

(12 vasos)

INGREDIENTES

1 kg de frutillas maduras
250 g de azúcar molida
200 cc de coñac
1 manzana deliciosa
3 botellas de vino blanco bien frío

1• Lavar las frutillas, escurrirlas y sacarles el cabito.
2• Colocarlas en un bol, cubrirlas con el azúcar y el coñac; macerar 1 hora aproximadamente. Mover el bol de vez en cuando.
3• Enfriar la preparación y las botellas de vino blanco (de buena calidad).
4• Luego incorporar la manzana, cortada en rodajas finitas, con cáscara, a las frutillas. Verter sobre las frutas el vino y dejar reposar 2 horas.
5• Servir con las frutas, como un clericó.

$\mathcal{P}$ONCHE DE FIESTA

(para 10 personas)

INGREDIENTES

2 botellas de champaña rosado
1 vaso de jugo de naranjas
1 vaso de jugo de pomelos
500 g de frutillas
10 rodajas de naranja y pomelo
Uvas rosadas
1 taza de azúcar
Hielo picado

1 • Colocar en un bol el champaña, los jugos, el azúcar, las frutillas con sus cabitos, los 10 dados de pomelo y naranjas, las frambuesas y las uvas. Dejar reposar por lo menos 20 minutos, incorporar el hielo y servir.

$\mathcal{S}$OPA DE FRUTAS ROJAS

(6 vasos largos)

INGREDIENTES

200 g de frutillas
200 g de frambuesas
200 g de boysenberries
200 g de blueberries
800 g de azúcar

75 cc de coñac o Agua de Vida de frutas
1 copita de casis
1 rama de canela
1 chaucha de vainilla

1 • Mezclar delicadamente la fruta dentro de un bol. Aparte, en otro, bol colocar una capa de frutas, recubrir con una capa de azúcar, luego otra de frutas y así sucesivamente hasta terminar con el azúcar.

2 • En el medio de la fruta colocar la rama de canela y la chaucha de vainilla.

3 • Recubrir con las bebidas alcohólicas y llevar a la heladera durante una semana.

INGREDIENTES

1 botella de 750 de vino tipo borgoña
750 cc de agua
50 g de azúcar
6 clavos de olor

1• Colocar en una cacerola el agua y el vino.
2• Agregar el azúcar y los clavos de olor. Colocar el recipiente sobre el fuego hasta que aparezca una espuma blanca sobre la superficie, sin llegar a punto de ebullición.
3• Servir en tazas o vasos.

NOTA

▼ *Este vino es una clásica bebida francesa. Se toma después de las comidas.*

$\mathcal{L}$ICOR DE LIMÓN

(2 botellas)

INGREDIENTES

15 limones bien lavados
2 botellas de vodka de 750 ml
4 tazas de azúcar
5 tazas de agua

1• Con un pelapapas sacar las cáscaras de los limones; dejarles un poquito de blanco para que queden medio amargas.
2• Poner en un botellón las cascaritas cortadas en juliana, con el contenido de una botella de vodka; dejarlo macerar cuarenta días.
3• Transcurrido ese tiempo, agregar el contenido de la otra botella de vodka y el almíbar frío.

CONSEJOS

▼ *Conservarlo en el freezer.*
▼ *Queda riquísimo servirlo con helado de limón o granizado de limón (pág. 229).*

CAPPUCINO HELADO

(1 medida)

INGREDIENTES

1 *café* express *doble*
4 *cucharadas de crema fresca*
4 *cucharadas de licor de café*
1 *cucharadita de azúcar*

1• Poner en la licuadora el café bien frío, la crema, el azúcar, el licor de café y hielo previamente triturado.

2• Poner el aparato a la máxima velocidad durante dos minutos. Verter el *cappucino* en la copa y servir.

IRISH DE CHOCOLATE

(4 vasos)

INGREDIENTES

500 cc de leche
200 g de chocolate en trozos
4 cucharadas soperas de azúcar
200 cc de crema de leche
Cacao en polvo

1• Llevar la leche a punto de ebullición junto con el azúcar.

2• Incorporarle el chocolate en trocitos y remover hasta que éste se disuelva.

3• Batir la crema ligeramente.

4• Colocar el chocolate en las tazas con una tapita de whisky en cada una. Completar con la crema batida y decorar con el cacao en polvo.

LICUADO DE DURAZNOS

(6 vasos)

INGREDIENTES

2 latas de duraznos en almíbar
1/2 taza de yogur entero
1 cucharada de miel
375 cc de helado de vainilla
2 tazas de leche

1 • Poner todos los ingredientes en la licuadora y procesar todo junto. Servir bien frío.

LICUADO DE FRAMBUESAS

(1 vaso grande)

INGREDIENTES

200 cc de leche
4 cucharadas de azúcar
150 g de frambuesas
Esencia de vainilla
Hielo

1 • Licuar todo junto y servir en un vaso grande. Servir bien frío.

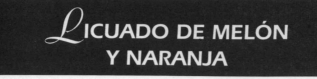

LICUADO DE MELÓN Y NARANJA

(2 vasos)

INGREDIENTES

2 rodajas de melón Rocío de Miel maduro
1 vaso de jugo de naranjas
1/2 taza de azúcar
Hielo

1 • Cortar la pulpa del melón y licuar todos los ingredientes. Servir bien frío.

LICUADO DE BANANA Y MANZANA

(2 vasos)

INGREDIENTES

1 banana grande
1 manzana deliciosa chica
175 g de frutillas
1 cucharada sopera de miel
2 cucharadas soperas de crema
4 cucharadas de azúcar

1 • Pelar y lavar las frutas; licuar con los demás ingredientes y servir enseguida.

LICUADO DE BANANA DIFERENTE

(2 vasos)

INGREDIENTES

1 banana grande
200 cc de azúcar
1 cucharada de azúcar
2 bochas de helado de dulce de leche

1 • Licuar todo junto y servir enseguida.

MILK SHAKE DE CHOCOLATE

(2 vasos grandes)

INGREDIENTES

1/4 kilo de helado de crema americana
2 cucharadas soperas al ras de cacao semiamargo
2 barritas de chocolate rallado
1 taza de leche fría
Azúcar a gusto

1 • Colocar todos los ingredientes en la procesadora.
2 • Procesar y servir en vasos grandes.

VARIANTE

▼ *Se puede incorporar 1 banana grande para obtener un milk shake de chocolate y banana.*

SALSA DE CARAMELO Y NUEZ

INGREDIENTES

1 taza de azúcar
1/3 de taza de agua
1/2 taza de crema
1/2 taza de nueces picadas

1• Hacer un caramelo con el azúcar y el agua; cuando tome punto caramelo no muy claro, sino más bien marroncito, apagar el fuego.

2• Enseguida incorporar la crema de a poco, en forma de hilo, sin dejar de revolver.

3• Incorporar las nueces.

NOTAS

▼ *Es normal que al principio haga borbotones.*

▼ *En el caso de que se formen grumos, se recomienda deshacerlos sobre fuego mínimo.*

GANACHE DE CHOCOLATE

INGREDIENTES

500 cm³ de crema
500 g de chocolate semiamargo

1 • Se pone a punto de ebullición la crema y una vez que lo alcanza se retira del fuego.

2 • Incorporar el chocolate en trocitos y deja reposar 15 minutos.

3 • Luego con una cuchara de madera se va revolviendo desde el centro y va a ir apareciendo el chocolate ya disuelto, hasta ser toda una misma preparación. "Una excelente *ganache* de chocolate".

NOTAS

▼ *La ganache, según para qué se utilice, puede prepararse más espesa o más líquida. El chocolate la espesa y la crema la aligera. También el cambio de proporción varía la tonalidad. Para rellenar profiteroles suele usarse bien oscura.*

▼ *Igualmente al colocarla a Baño de María y aflojarla, será ideal para acompañar un profiterol con helado o con crema.*

▼ *Se puede utilizar chocolate blanco o con leche, pero teniendo en cuenta las proporciones, según el uso que se le dará.*

COULIS DE FRUTAS

INGREDIENTES

800 g de fruta fresca (frambuesas, frutillas, ananás, damascos,
  duraznos, kiwis, etc.)
Jugo de limón
250 ml de almíbar

1 • En la procesadora, hacer un puré con las frutas, el jugo de limón y el
  almíbar.
2• Mantener en un lugar fresco hasta utilizarlo.
3• Se puede congelar; en este caso, dejar descongelar a temperatura
  ambiente antes de usar.

COULIS DE KIWIS

INGREDIENTES

1/2 kg de kiwis
Jugo de 2 naranjas
1/2 taza de azúcar

1• Procesar o licuar todos los ingredientes.
2• Si se desea, pasar por el chino para eliminar las semillas.

GLOSARIO

AZÚCAR GLACÉ: Azúcar impalpable

BAÑO DE MARÍA INVERTIDO: Baño de María hecho en recipiente con agua y hielo.

CHINO: Colador cónico en metal (o una malla) por el que el líquido pasa fácilmente; se utiliza para caldos o *coulis*.

CORNET: Paleta corta de plástico que sirve para raspar el bol y manejar una masa.

DECANTAR: Transpasar un líquido tibio después de haberlo dejado reposar para que se separen las impurezas. También se utiliza para indicar cuando en una preparación uno o más ingredientes se separan del resto.

DESGASIFICAR: Sacar el aire de una masa después de leudada.

DESGLASAR: Hacer disolver con la ayuda de un líquido (vino, oporto, consomé, fondo o crema) los jugos contenidos dentro de un recipiente donde se ha dorado una carne, un *risotto* o una cocción al horno, o acaramelado alguna fruta, a fin de preparar un jugo o una salsa.

FERMENTO: Preparación básica para hacer un pan.

FREGAR: Deshacer manteca fría y harina con las manos en un movimiento de fregarse las manos.

GLACÉ: Baño que se hace en base al azúcar impalpable con jugo de limón o agua caliente o clara de huevo.

GRATINAR: Cocinar o finalizar la cocción de una preparación al horno con el propósito de que se forme una superficie crocante y dorada.

KOUGLOF: *Brioche* alsaciano enriquecido de pasas de uvas, moldeado en forma de corona alta y tostada.

MAPLE SYRUP: Jarabe de maple, similar al jarabe de maíz.

NAPAR: Cuando la preparación se adhiere en forma de película sobre la cuchara o plato y al pasar el dedo sobre ella no desaparece la marca efectuada.

PLACA SILICONADA: Superficie que no necesita enmantecarse debido a que tiene un proceso de siliconado.

PRALINÉ: Preparación en base a almendras, nueces o avellanas cubiertas de caramelo rubio y luego picadas finamente. Utilizado en pastelería, el praliné es ideal para aromatizar cremas y helados.

SOPLETE: Instrumento que se usa para soldar y que en pastelería se usa para gratinar sobre azúcar, como por ejemplo una *crème brulée*.

SYRUP DE ERABLE: Jarabe de maple, similar al jarabe de maíz.

ZESTER: Instrumento de lámina corta y plana tallada en el borde, con 5 pequeños agujeritos que se pasan sobre la piel de la naranja o un limón levantando finas cascaritas y dejando la piel blanca.

ÍNDICE

ÍNDICE TEMÁTICO

Cocina

BERRETEAGA EXPRESS
Cholly Berreteaga

UTILÍSIMA CHEF
Las mejores recetas de los chefs de *Utilísima*

LA COCINA SANA *UTILÍSIMA*
Cecilia de Imperio

COCINA EN UN ABRIR Y CERRAR DE LATAS
Cholly Berreteaga

TODO PARA FIESTAS:
DESDE LAS TORTAS HASTA EL COTILLÓN
Élida de López y Patricia Masjuan

PANADERÍA CASERA
Cholly Berreteaga y Manuel Vallejo

COCINA PARA LOS QUE NO TIENEN NI IDEA
Cecilia Urribarri y Christian Vitale